岡山文庫

307

岡山県郷土文化財団の歩み

高山雅之 著　岡山県郷土文化財団 編

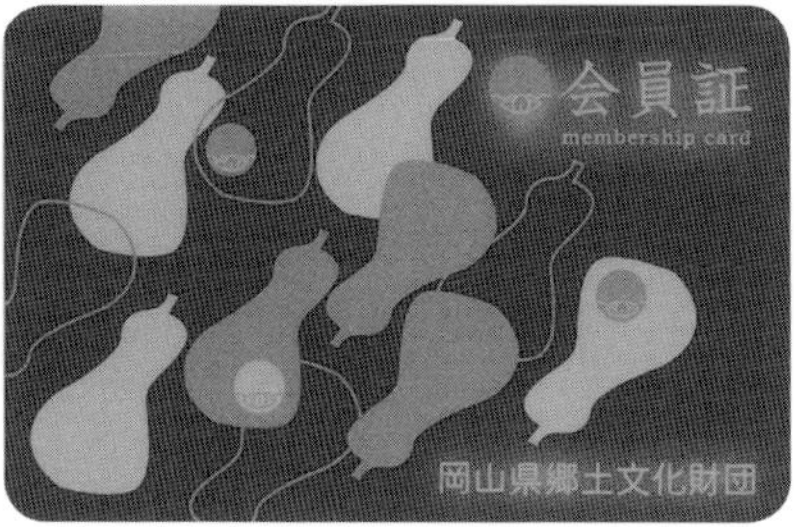

日本文教出版株式会社

岡山文庫・刊行のことば

岡山県は古く大和や北九州とともに、吉備の国として二千年の歴史をもち、遠くはるかな歴史の曙から、私たちの祖先の奮励とそして私たちの努力とによって、現在の強力な産業県へと飛躍的な発展を遂げております。

小社は創立十五周年にあたる昭和三十八年、このような歴史と発展をもつ古くして新しい岡山県のすべてを、〝岡山文庫〟(会員頒布)として逐次刊行する企画を樹て、翌三十九年から刊行を開始いたしました。

以来、県内各方面の学究、実践活動家の協力を得て、岡山県の自然と文化のあらゆる分野の、様々な主題と取り組んで刊行を進めております。

郷土生活の裡に営々と築かれた文化は、近年、急速な近代化の波をうけて変貌を余儀なくされていますが、このような時代であればこそ、私たちは郷土認識の確かな視座が必要なのだと思います。

岡山文庫は、各巻ではテーマ別、全巻を通すと、壮大な岡山県のすべてにわたる百科事典の構想をもち、その約50%を写真と図版にあてるよう留意し、岡山県の全体像を立体的にとらえる、ユニークな郷土事典をめざしています。

岡山県人のみならず、地方文化に興味をお寄せの方々の良き伴侶とならんことを請い願う次第です。

はじめに

岡山県郷土文化財団の根本規則である定款には、その目的として「岡山県下に所在する優れた自然や文化的遺産の保護・保存及び管理とその利用の促進を図るとともに、岡山県ゆかりの先賢の顕彰並びに伝統に根ざした地域文化の創造を行うことにより「うるおい」と「やすらぎ」のある郷土づくりに寄与する」と定められている。財団設立の崇高な目的が謳い上げられている。

文化に関していえば、岡山県は古代吉備以前から連綿と高い文化を育んできた地域であることは、遺跡や歴史・文化資料から万人の認めるところであろう。私の専門は自然分野であり、その観点から見れば、古代からの連綿とした人の活動が自然環境に大きな影響を与えてきた地域であり、自然度の高い植生は全国で最も少ない県の一つとなってしまっている。人の生活や農業活動に加え、大規模に行われた瀬戸内海沿岸での製塩、県東南部の備前焼、備前刀の鍛造、県北部におけるたたら製鉄では、多量の燃料を必要とし、また、たたら製鉄ではかんな流しのために大規模な地形改変も行われた。このような活発な人間活動が継続されてきたのは、ベースとなる自然条件の気象や地形、地質などの多様性・資質の優越性があったからに他ならない。

文化財団は、間もなくその発足から四十年を迎えようとしているが、その設立のいきさつには、当時の本県の自然や文化財のおかれた状況も関係したと聞いている。高度経済成長期は過ぎたものの、無秩序な開発の進展や生活様式の変化により、自然環境が改変され、古い家屋等の文化財が利用されなくなっていく状況の中で、官公庁行政だけでなく地域企業や県民が一体となってその保全に取組み、継続的に文化活動として支えていこうという先進的な「ナショナルトラスト」の理念を持った公益法人が生まれたのである。

今回、岡山文庫として設立のいきさつを含めた財団の歩みを発刊できることは大変喜ばしいことであり、関係者に御礼を申上げるとともに、是非県内外の方々にこの本を手にとっていただき、当財団のことをより多くの方々に知っていただき、活動に賛同していただくことを祈念して発刊の言葉としたい。

公益財団法人　岡山県郷土文化財団
理事長　　波　田　善　夫

目　次○岡山県郷土文化財団の歩み

第三章　自然保護事業について

第四章　普及活動について

第五章　受託事業について

カバー写真…内田百閒記念碑園（撮影・高山雅之）

第一章　岡山県郷土文化財団の創設について

一　発案から創設にいたるまでの経緯

（一）「岡山県総合福祉計画」の策定

長野士郎岡山県知事が県知事に初当選したのは、昭和四十七年（一九七二）十月のことで、知事に就任されて岡山県の進むべき道として「岡山県総合福祉計画」が策定されたのは、昭和四十九年四月のことである。それは全ての岡山県民が、良好な生活環境の中で、生きがいのある安定した豊かな生活を営むことのできる、福祉社会の実現を強く望んでのことであった。

この福祉計画は昭和五十二年三月に改訂されたが、その中に、著しい都市化の進展と無秩序な開発によって、自然環境が急速に姿を変えてきていることを憂い、豊かな自然や貴重な文化財、由緒ある史蹟などを保護してゆく意識を高め普及し、好ましい姿で後世に伝えるために、県民の理解と積極的な参加のもとに、会員制による岡山県郷土文化財団（仮称）を創設することが明記された。昭和五十二年四月には、岡山県郷土文化財団設立準備事務局が岡山県庁企画課内に設けられ、英国のナショナル・トラスト及び国内類似団体の調査研究並びに岡山県関係部局の意見聴取が実施された。

発足当時のリーフレット

福祉計画

会員証 2

会員証 1

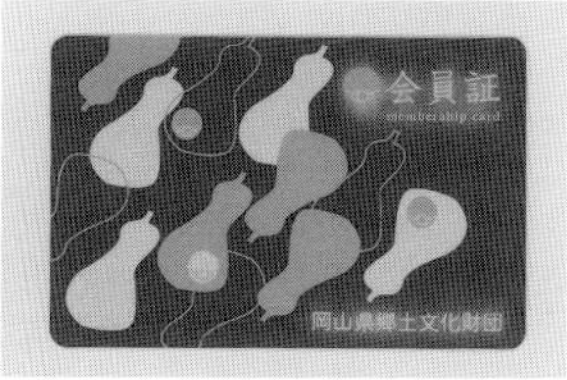

会員証 4

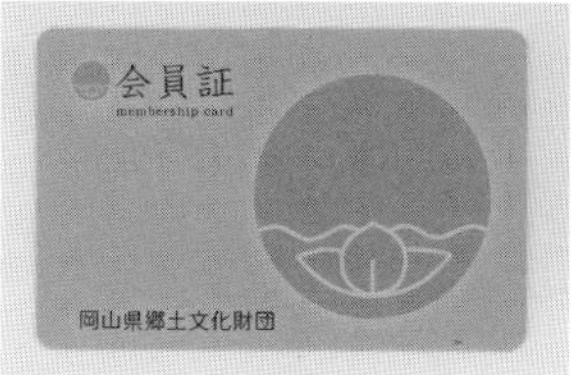

会員証 3

（二）「岡山県郷土文化財団構想研究会」の設置

昭和五十三年（一九七八）二月には、文化財団の設立基本構想を研究し提言を得るために、次の学識経験者八名により岡山県郷土文化財団構想研究会が設けられた。

神野力、畔柳鎮、鳥取和子、三村克一、三宅一喜、森本謙三、山下三郎、山本雅生（会長）

（敬称略・順不同）

研究会は昭和五十三年二月二十七日に岡山市古京町の岡山衛生会館で初会合が開かれ、昭和五十三年七月十一日までの約五ヵ月間に五回開かれた。その結果をもとに、次の「岡山県郷土文化財団（仮称）設立構想試案」が策定された。

岡山県郷土文化財団（仮称）設立構想試案（抜粋）

昭和五十四年（一九七九）二月

1．趣旨（全文）

今日、ひとびとは、物質的豊かさのみでなく、精神的な豊かさを求めて生活の質の向上に目が向けられ、落着きとゆとりのある生活、人間らしい生きがいのある生活が望まれるようになってきている。

つれて、地域に根ざした伝統文化やそれをはぐくんできた郷土の自然を見直そうとする気運が高まってきている。

私たちの郷土「おかやま」は、古代吉備の国の文化と伝統を受け継ぐ由緒ある土地柄であり、これまでの永い歴史を通じて、先人達が営々として培ってきた香り高い文化的風土は、私たちのこころのふるさととして、私たちに「うるおい」と「やすらぎ」を与えてくれるとともに、私たちの活力の源泉として、個性豊かな地域文化の創造の芽をはぐくんでくれる。

私たちが、先人達から受け継いだ豊かな美しい郷土の自然や優れた文化的遺産は、私たちのかけがえのない共通の財産として、これを大切に護っていくことはもとより、さらに、新たな価値を付加して、次代に引き継ぐことこそ現代に生きる私たちの責務である。

今こそ、私たちは郷土への誇りと愛着を連帯の絆とし、個性豊かな郷土づくりの意欲と行動を基盤としながら、豊かな郷土の自然や貴重な文化遺産の保護、保存および管理を行うとともに、伝統に根ざした地域文化の創造をめざすべきである。

このため、広く県民の自発的、積極的な参加のもとに岡山県郷土文化財団（仮称）を設立しようとするものである。

2．財団の事業（要約）

設立構想試案では、財団として行うべき事業について詳細に記載されているが大きな項目としては、次のとおり記載された。

（1）普及啓蒙事業

会報の発行や文化講演会の開催、探勝会、文化財めぐりなどの研修会の開催、郷土文化関係資料の収集・保存・公開など。

（2）自然保護事業

優れた景勝地や保護、保全するべき土地を取得して管理し公開することなど。

（3）文化財保護事業

文化財の保存に対する補助や文化財の取得、公開、管理を行うことなど。

（4）受託事業

公有施設等の管理や地域の自然や文化などに関する現況調査など。

（5）その他

保護、保存についての相談業務、調査・研究事業、観光マナーの普及啓蒙など。

3．財団の組織

民法にもとずく財団法人とすることが適当であるとされた。

4．会員

財団の設立の目的を達成するためには、県民の自発的、積極的な参加を得て、県民ぐるみで財団の事業を推進していくことが必要である。このため、財団は会員制とすることが適当とされ、会員とともに事業に取り組み、文化振興の推進を図ることとされた。

会員の特典としては、次のことなどが提示された。

（1）財団の主催する事業への参加

（2）会誌、会報の送付

（3）財団刊行物の購入割引
（4）県、市町村立及び民間施設への入場料、入館料の割引等
（5）会員章の交付

5．財源の形成

財団活動の基礎となる財源としては、安定的、恒常的収入を確保することが必要である。このため、基本財産の果実、会費その他の収入の確保のための方途を講ずるほか、県内外個人、法人等からの寄付金及び県費により、財団の活動を助成する県基金を設けることが適当である。

（1）基本財産は、事業の拡大に応じ漸次増額することが適当である。そして基本財産への出捐金は県二五パーセント、市町村二五パーセント、民間五〇パーセントの割合で出捐することが適当であるとされた。

（2）運用財産としては、基本財産から生ずる果実をはじめ、会員から納められる会費収入のほか、受託した公有施設等の管理委託収入、各種調査の委託料収入によることとされた。

6．財団の設立等

昭和五十四年十月を財団設立の目途とし、幅広い広報活動を行い、県民の認識を深めるとともに、各種関係団体の積極的な協力を得ることとされた。

(三) 設立構想懇談会の開催

前記のとおり構想研究会がまとめた「岡山県郷土文化財団(仮称)設立構想試案」をもとにして、さらに具体的に進めるために、昭和五十四年(一九七九)二月二十四日に岡山県、県内各市町村、文化関係者、各種団体の代表者三一名による設立構想懇談会が設けられ、検討した結果、おおむね構想試案をもとにして進めることが了承された。

そこで、設立構想懇談会をその場で設立準備会に切り替えて協議した結果、この設立準備会をさらに発展拡大させて、より幅広い層で設立協議会を設置し、この設立協議会を母体として文化財団の設立を進めることになった。

(四) 設立協議会の開催と設立発起人代表

設立協議会は、昭和五十四年五月十四日に、県下各界代表一三九名により開催され、設立構想を、構想研究会がまとめた試案どおりに決定した後、設立協議会メンバーを持って設立発起人とし、設立準備会のメンバー三一名を設立発起人代表として、設立趣意書、寄付行為、事業計画等の検討を行うことが決定された。

（五）設立趣意書、寄付行為、事業計画、役員等の決定

昭和五十四年九月五日には発起人代表会議を開催し、設立趣意書、寄付行為、事業計画、役員等の原案がまとめられ、九月二十一日に開催された設立発起人会において、原案どおり決定された。

（六）岡山県郷土文化財団設立の許可と正式発足

昭和五十四年十月九日には、財団設立許可申請書を岡山県知事及び岡山県教育委員会に提出し、同年十月二十六日に、両者から設立が許可されたのを受けて、初めての理事会を同年十一月五日に開催し、理事長に長野士郎氏（岡山県知事）を選任し、正式に発足することになった。〈長野士郎、岡崎平夫、三島淳男、松岡良明、小坂淳夫、平木武夫、梶谷忠二、守分勉（敬称略・順不同）〉

さらに同年十一月八日には設立登記を完了し、文化財団の事務局は岡山県庁企画部企画課内に置き、事業を推進することになった。文化財団の設立と発足にあたり、知事の意向をうけて尽力したのは同課の信朝寛氏である。

まず手始めとして「まもり育てよう…自然と文化を私たちの手で。」と表記した会員募

集のリーフレットを作成し、広報活動を進めた。

二　組織と会員制度

（一）組織

岡山県郷土文化財団は、民法上の公益法人である財団法人として許可されたので、正式名称としては、「財団法人 岡山県郷土文化財団」とするべきであるが、当初は岡山県郷土文化財団の名称に、「財団」が入っているため重複するとの考えから、「岡山県郷土文化財団」として登記された。

しかし、平成十年（一九九八）に特定非営利活動法人（ＮＰＯ）の制度が発足したこともあり、全国的に情報を発信していくためにも団体の性格を明確にしたいと考え、平成十四年十月一日から「財団法人 岡山県郷土文化財団」を正式名称とした。

その後、法人制度改革により、平成二十四年に「公益財団法人 岡山県郷土文化財団」に移行した。

(二) 事務所

当初は、県庁内企画課に事務所が置かれたが、岡山市天神町五－十八に移転。平成十七年十一月一日、岡山市北区石関町一－二に移転。平成二十八年十一月一日、岡山市北区表町一－七－十五　七〇二号に移転し、現在にいたる。

(三) 会員制度

会員制度については、構想研究会が示した「設立構想試案」をもとにして次のとおり定められた。

○個人会員　　○家族会員　　○団体会員二〇人以上

会員には個人あてに会員証を発行し、会費の納付額に応じた有効期限を示すシールを貼り付けて渡し、更新するごとに有効期限のシールを配布している。当初からの会員証は林原美術館所蔵の能装束の一部をデザインしたもので、平成二十五年(二〇一三)一月からは、おめでたい意味を持つモチーフ(梅・紅葉・海老・鶴・鯛)をデザイン化したもの、実がなった木に留まる幸福を象徴する鳥、金色に輝く文化財団のシンボルマーク、子孫繁栄・無病息災などを祈念する瓢箪をデザインした四枚が加わった。

岡山県内の連携のある博物館・美術館で会員証を提示すれば、入館料の割引が受けられる特典がある。

第二章　文化財保護事業について

一　熊沢蕃山と山田方谷居宅跡の復旧支援（備前市蕃山）

（一）復旧の提案

昭和五十六年（一九八一）、文化財団が発足して間もない頃、岡山県人は先人を顕彰しないのか、との意見が長野士郎岡山県知事に寄せられた。県外の友人を案内して備前市蕃山《しげやま》に行き、熊澤蕃山と山田方谷の居宅跡を訪ねたところ、記念碑は草むらの中に倒れて、荒れ果てている姿を見て、友人から「岡山県人は偉業をなした先人を顕彰する心はないのか」と言われ、県知事に善処を望む手紙を出されたのである。そこで、文化財団理事長でもあった長野士郎県知事が、居宅跡の復旧支援を財団に提案した。

（二）地域における文化遺産の復旧支援策

文化財団設立の目的の一つに史跡や文化財の修復もあるが、発足して間もない頃のことで、地域にある文化財をいかなる方法で修復するかは検討課題であった。

その結果、文化財団が経費を全て負担して実施するのでは、地域の行政や住民の方々の関心を呼び起こすことにならないとの思いから、支援する方法として、文化財団が三分の一、市町村が三分の一、地域の方々の寄付も三分の一として、事業は市町村が行う方法が良いのではないかということになった。これは、その後の史跡や文化財の修復・復旧の方針となった。

(三) 復旧工事の完成

この居宅跡の復旧工事は備前市の事業として行われ、昭和五十七年(一九八二)一月十二日に竣工式が現地で挙行された。その後、居宅跡近くの正楽寺で懇親会が開かれた。

二 鳥居ヶ乢《とりいがたわ》郷土記念物の修復助成 (真庭市蒜山)

かつて鳥取県の大山信仰が盛んであった頃、岡山方面から大山に通じる道は「大山道」といわれ、その道は今も真庭市に残っている。その代表的な道である、真庭市の集落藤森から蒜山の西茅部に通じる大山道を登ると鳥居ヶ乢がある。鳥居ヶ乢の頂に立つと、蒜山高原の広々とした眺望が開けて、遥かに大山が望め、晴天の日に雪をいただく大山の姿は神々しい。大山まで参詣する人々は、ここからさらに峠を下り、郷原から延助集落を経て大山にいたるのである。

方谷居宅跡

蕃山居宅跡

鳥居ヶ乢

鳥居ヶ乢神門

鳥居ヶ屾から大山までの道のりは遠いため、足の弱い人や女性はここから大山を遥拝すれば大山まで行ったのと同じ御加護がいただけるという言い伝えがある。この鳥居ヶ屾には、その昔は木で作られた鳥居があり、いつの頃か朽ち果てたらしい。その後、文政四年（一八二一）に石でつくられた門が立てられたが、それも災害により倒壊して行方知れずとなっていた。その石門が林道工事中に発見され発掘された。

発掘された石門を真庭郡川上村（現、真庭市蒜山）が郷土の文化遺産として修復することになり、文化財団が支援して昭和五十七年（一九八二）二月二十五日に着工し、三月二十五日に工事は完了した。

この鳥居ヶ屾には芭蕉の句碑が立っており、そこには「雲雀よりうへに休らふ峠かな」と刻まれている。芭蕉がここに来たわけではないが、この峠にふさわしい句として、地元の有志が芭蕉翁百回忌を記念して建立したと伝えられている。

三　田の口から由加山への丁石と道しるべ復元（倉敷市児島田の口）

（一）由加山と丁石

由加山はもと瑜伽山と書かれており、山頂には天平五年（七三三）に行基が創立したとされる蓮台寺がある。由加山蓮台寺は霊験あらたかな寺として信仰を集め、特に四国の金刀比羅宮（香川県）と両方参詣すると御蔭が倍になるとの言い伝えがあり、倉敷市児島の田の口港は、金刀比羅宮からの船の玄関として大いに賑わい、参拝者はここから由加山へ向かった。特に文化、文政年間（一八〇四〜三〇）の頃に全盛期を迎え、門前町は料亭、旅籠がひしめいていた。

由加山には東西南北からの参道があり、「四方みな表参道瑜伽の秋」と詠まれた句碑が境内にある。そのうち、岡山方面からは北参道、南の田の口港からは南参道が主に利用された。どの参道にも一丁目（約一一〇メートル）ごとに由加山までの距離を示す丁石が立てられていた形跡があり、特に由加山参り、金刀比羅宮参りの客船が発着した、田の口港からの南参道は、由加山まで三十六丁（三十六丁＝一里＝約四キロメートル）あり、一丁ごとに丁石が立てられていたようである。

残存していた丁石には、丁の数字の下に「イヨ　兼頭文蔵《けんがしらぶんぞう》」と刻まれており、建立は寛政二年（一七九〇）とされている。なぜイヨ（現、愛媛県）の兼頭文蔵が丁石を立てたのか。地元の噂では、伊予《イヨ》の国の船頭兼頭文蔵と遊女とのロマンスが語られている。また、昭和

文蔵が立てた丁石

由加山丁石復元

新しい
丁石

五十八年（一九八三）七月六日の山陽新聞夕刊掲載の「由加山南参道丁石復元へ」と題した記事には、郷土史研究家で児島公民館山本慶一館長の談として、「江戸中期、兼頭文蔵という人がここに来て遊女に恋をして身うけの話を持ちかけた。その際、遊女が〝田の口から由加山までの参道に丁石を据えたら身うけされてもいい〟と条件をつけ、文蔵がそれを成し遂げ、遊女を連れて伊予の国に帰ったという言い伝えがある」と書かれている。

その丁石の三六本の内、半数が紛失、破損しているとの話から、昭和五十八年三月に開催された文化財団の理事会で丁石の復元を行うことが決定された。

（二）南参道の丁石の復元

丁石の復元は文化財団が独自の文化財の保護事業として、最初に手がける事業であった。まずは現状調査を行い、現存しない丁石については、立てられていた場所を特定する必要があり、また復元場所の土地所有者の了承を得るためにも地元の協力は不可欠であった。

復元事業については、まず由加山蓮台寺の了承を得るために、蓮台寺の執事に趣旨を話したところ、貫主である佐伯増恒僧正も復元を喜ばれ、快く了承されたとの返事をいただいた。それからは地元と関係の深い㈳倉敷市観光協会（当時）と由加山青年団青桜会の協力を得て、昭和五十八年（一九八三）十一月に丁石の現況調査が行われ、紛失している丁石については、元設置されていた場所の特定と地権者の了承を得るところまでが両団体の熱心な取り組みによって進められた。

調査の結果、現存している丁石は一四本で、紛失、破損のため新しく製作する丁石は二二本であった。

調査結果を踏まえて、二二本の丁石を製作し建立するに当たり、県内の石造物文化財の修復に経験豊かな業者として候補にあがった岡山市の江国石材店の江国和彦氏に丁石の復元を依頼し、昭和五十八年十二月に発注。丁石の建立場所は丁石調査に尽力された青桜会の案内で確認し、昭和五十九年一月までに一丁目の丁石を残して、二一本の丁石の建立が完了した。

丁石復元の竣工式は昭和五十九年一月八日に、長野士郎文化財団理事長をはじめ関係者が集まり、最後の一丁目の丁石を建立して完成を祝った。

復元した二二本の丁石の正面には「〇丁」と彫られ、左面は「昭和五十九年一月」、右面は「岡山県郷土文化財団・協力倉敷市観光協会・由加山青桜会」と刻まれている。

道しるべ復元

台座が埋没した道しるべ

復元工事

復元した当時の姿

道しるべ現況

(三)道しるべの復元

由加山への丁石復元を終えて、次に課題となったのは、かつて田の口の港にほど近い十字路の真ん中に建立されていた、県下では有数の大きさの「道しるべ」の復元である。

道しるべの西面には「左ゆが」、東面には「右ゆが」と大きな文字で彫られており、北面には「施主阿州小松島生島馬之助・同伊之助」と刻銘がある。南面には「弘化三丙午九月世話人当所吉浜屋庄右衛門・浜田屋九左衛門」と刻まれている。弘化三年は一八四六年に当たるが、いつの頃か交通の妨げになるとのことで、少し南に移動されていた。その後、幾度かの道路舗装工事などで道しるべの台座は埋没し、高さ一八〇センチメートルほどの竿石のみが立っていた。そのうえ少し傾きも見られていたので、その復元も文化財団の事業として行うことになった。丁石復元を依頼した江国和彦氏の手によって、昭和五十九年五月十四日に工事が終了した。道しるべに接して案内板も立てられたが、今は案内板は撤去されている。

四　歌碑・記念碑建立の支援

(一) 歌碑建立の支援

文化財団は歴史や文化に関する出版物を識者の協力を得て発行しているが、最初に出版したのが、大岩徳二山陽学園短期大学教授（当時）編纂の『おかやまの和歌』である。これは上古から近世末期にいたるまでの、郷土の地名が歌枕になった一三三ヵ所を詠んだ和歌三四八首を集大成して出版したものである。最も多く詠まれた歌枕は吉備中山、虫明、那岐山、牛窓などである。

昭和五十八年（一九八三）と六十三年には、この『おかやまの和歌』をもとに歌碑を建立して地域文化の振興を目指す市町村または団体を支援した。建立されたのは次のとおりである。

① 虫明（瀬戸内市邑久町）

平忠盛が備前守として西下した時に詠んだ和歌

「虫明の瀬戸の曙見る折ぞ　都のことも忘られにけり」

昭和五十八年三月一日完成　　　建立者　邑久町

② 宇那提森（うなでのもり）（津山市二宮の高野神社境内）

平賀元義の和歌

「独りのみ見ればさぶしも美作や　宇那提の森の山ざくら花」

昭和五十八年三月二十八日完成　建立者　平賀元義歌碑建設委員会

③　弥高山（高梁市川上町　川上町郷土資料館敷地内）

藤原行盛の和歌

「雪降れば弥高山の梢には　まだ冬ながら花咲きにけり」

昭和五十八年三月三十日完成　　建立者　川上町

④　児島（岡山市南区灘崎町）

大伴旅人と西行の和歌

「大和道《やまとぢ》の吉備の児島を過ぎてゆかば　筑紫の児島念《おも》ほえむかも」大伴旅人

「立て初むる糠蝦《あみ》採る浦の初竿は　罪の中にも優れたるかな」西行

昭和六十三年四月十日完成　　建立者　灘崎町

（二）記念碑建立の支援

歌碑の建立とは別に、郷土の先人を顕彰する記念碑の建立も支援した。

虫明

津山

灘崎

坪田譲治文学碑

久保田宵二童謡碑

緒方洪庵先生之像

① 坪田譲治文学碑

坪田譲治（一八九〇～一九八二）は今の岡山市北区島田本町の生まれで、幼少時代を岡山で過ごし、後に東京に出て作家として『風の中の子供』や『子供の四季』などを著し、児童文学に大きな足跡を残した。昭和五十七年（一九八二）に坪田譲治が亡くなり、彼に心を寄せる教育関係者が中心になって顕彰会が設立され、広く寄付金集めを開始。文化財団も支援に加わった。文学碑は岡山市北区二日市町の岡山市立中央図書館前に完成し、除幕式は昭和五十九年七月七日に行われた。文学碑は岡山大学教授の彫刻家蛭田二郎氏によって製作され、石の上に頬杖をついて何かに聞き入っている子供の像と、鳩が配置され、その中に坪田譲治直筆の「童心浄土」の文字が刻まれた独創的な文学碑である。

② 久保田宵二の童謡碑

川上郡備中町（現、高梁市備中町）出身の久保田宵二は「昭和 昭和 昭和の子供よ僕たちは」で始まる「昭和の子供」や、「山寺の和尚さん」など数々の童謡を作詞した。その業績を後世に伝えようと、地元では久保田宵二童謡碑建設期成会を発足させて、童謡碑の建立を計画。昭和六十二年（一九八七）五月四日に、備中町の富家小学校の校庭に建立され、除幕式が行われた。文化財団では趣旨に賛同して支援した。

③　緒方洪庵先生之像

備中足守藩士の家に生まれた緒方洪庵は、大阪に蘭学塾（適塾）を開き、福沢諭吉や大村益次郎をはじめ優れた門弟を多く育てた。地元では、緒方洪庵を顕彰する緒方洪庵ブロンズ像建設実行委員会が、岡山市北区足守の生誕の地に緒方洪庵像の建立を計画し、平成二年（一九九〇）七月に除幕式が行われた。この事業に賛同して支援した。

五　内田百閒文学碑の建立と資料収集（岡山市中区小橋町）

（一）内田百閒（一八八九〜一九七一）

岡山出身の文筆家内田百閒について、文化財団の会報誌『きび野』一一四号（平成二十一年六月三十日発行）では、次のように紹介している。

「内田百閒は、明治二十二年（一八八九）五月二十九日、岡山市中区古京町にあった造り酒屋「志保屋」の跡取り息子として誕生し、今年（二〇〇九年）が生誕百二十年に当たる。百閒は後年「一年のちょうど真ん中で、暑からず寒からず、そのいちばんいい日にぼくは生まれたのだ」と語っていたそうである。

栄造と名付けられた少年は、気丈な祖母、商売熱心な父、のんびりした母に見守られ、物心両面に恵まれた暮らしの中で成長する。しかし、百閒が県立岡山中学校時代に生家の造り酒屋が廃業したため、好きな道を選ぶことになった。

その後、岡山にあった旧制第六高等学校でドイツ語を学び、東京帝国大学へと進み、卒業後は士官学校や法政大学のドイツ語教師として勤める。その間、文学への夢も絶ちがたく、大正十一年（一九二二）に小説集『冥途』を刊行するが、これは広く世に知られることはなかった。

昭和八年（一九三三）、初期に発表した小説とは全く趣の異なる、身辺の出来事を書き綴った『百鬼園随筆』を刊行する。これは十八版以上に及ぶ大人気となった。翌年、法政大学を辞した後は文筆活動に専念する一方で、戦中は日本郵船に文章の指南役を委嘱されて勤めた。

戦後は、行く先に用事がないのに出かける「阿房列車」や失踪した愛猫ノラを探す「ノラや」などが知られている。百閒の作品には幼少期の岡山や家族、友人、先生、好きな食べ物や鉄道などが登場し、古里岡山で過ごした少年の日々が鮮やかに書き残されている。昭和四十六年（一九七一）、八十二歳で永眠したが、今でも多くの人々に愛読されているのは、

松浜軒の前に立つ（小石清 撮影）

県立岡山中学校時代

内田百閒の主な著作本

古里や身近な者への愛情など、時を超えて共感できる普遍の感情が書き綴られているからだろう。

（岡山県郷土文化財団　研究員万城あき）」

（二）文学碑建立の動機

昭和五十八年（一九八三）に開催の文化財団理事会で、文学碑の建立について理事の松岡良明山陽新聞社社長から提案された。誰の文学碑を建立するかについては、岡山県にゆかりのある文学者で、まだ文学碑が建立されていない文学者の文学碑を建立してはどうかと話が進んだ。

この提案を受け、作家や歌人約百人をリストアップし、そのうち、文学碑の有無を調査した結果を理事会に報告したところ、古里岡山をこよなく愛し、昭和の初期に随筆ブームを巻き起した内田百閒の文学碑建立が良いのではないかと提案されたのは、長野士郎文化財団理事長である。

昭和五十九年三月の文化財団理事会で、昭和五十九年度事業として内田百閒文学碑の建立が正式に決定した。

㈢ 碑文の候補

文学碑建立の決定を受けて、文学碑に刻む碑文の検討に入った。そこで、文化財団事務局では、百閒作品約千点の中から岡山にゆかりの作品四六点と、俳句四五二句のうち自筆のある句を候補とする資料を用意した。

昭和五十九年（一九八四）四月十二日に、詩人永瀬清子氏、文芸評論家山本遺太郎氏、朝日新聞記者坂本弘子氏の三名の方々に碑文に適した作品を選んでいただいた。協議の結果、作品として六点を選び、その中で「古里を思う」の一編「後楽園」の冒頭の文章が良いのではないか、また、俳句については自筆の俳句の中に良いものがあればとの意見もあった。選ばれた六点は次の作品である。

「古里を思う（後楽園）」、「烏城追思」、「酒光漫筆」、「荒手の空」、「山屋敷の消滅」、「件《くだん》」

（「件」は岡山と直接の関係はないが、不安、恐れ、孤独、寂しさなど、百閒文学の象徴ともいえることから選ばれた）

候補選定を依頼した坂本弘子氏は、朝日新聞社岡山支局の記者として、文学碑の建立計画と平行して、「百鬼園残夢」と題して昭和五十八年十月十九日から昭和五十九年四月二十五日まで七一回にわたり、朝日新聞岡山版に連載記事を執筆された。また、ご遺族へ

刻字準備

内田百閒文学碑工事

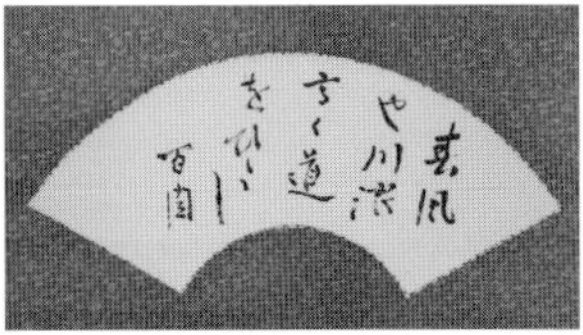

文学碑に刻んだ書

内田百閒文学碑竣工式で挨拶される松岡良明委員長

内田百閒追想展

内田百閒記念碑園

内田百閒文学碑

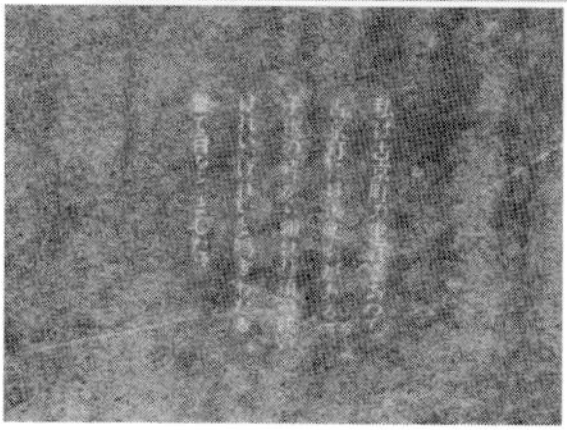

の取材もされ、百閒とご遺族に関して幅広い情報を持っておられたことから協力を依頼した。その後「百鬼園残夢」は文学碑除幕式二ヵ月前の昭和六十年二月に朝日新聞社から単行本として出版され、三月四日にはその売上金が朝日新聞社岡山支局長守本孝氏から文学碑建立のためにと、文化財団に寄付された。

(四) ご遺族との折衝

内田百閒文学碑の建立については、まずはご遺族の意向を知ることが必要であった。朝日新聞の坂本弘子記者のご紹介で、昭和五十九年（一九八四）八月四日に内田百閒の次女伊藤美野氏を東京のお住まいに訪ねた。当日は内田百閒の孫の早稲田大学文学部教授内山美樹子氏とコピーライターの内田ミネ氏も同席された。お集まりの方々は文学碑の建立を喜んでくださり、建立の暁には岡山を訪ねたいとのお話をいただいた。

(五) 内田百閒文学碑建立委員会

文学碑の建立を円滑に進めるために、内田百閒文学碑建立委員会を設けて進めることになり、委員には次の方々が就任された。（敬称略・順不同）

小野啓三（元岡山県教育長・副委員長）　久保武七郎（内田家ゆかり）
桑田　博（岡山相互信用金庫理事長）　永瀬清子（詩人協会会長）
福武哲彦（福武書店社長）　松岡良明（山陽新聞社社長・委員長）
守谷　清（六高会岡山支部）　山本遺太郎（詩人協会理事長）
吉田研一（日本文教出版社社長）

昭和五十九年（一九八四）八月十一日に開催の第一回委員会では、次の事項が協議された。

建立場所は数ヵ所の候補の中から、生家にほど近く、眺望のよい岡山市小橋町一丁目の旭川河畔が良いとされた。この土地は河川敷であるため、建設省（当時）岡山河川工事事務所の占用許可を得ることが必要で、手続きを進めることになった。

碑文の選定は建立委員会委員の山本遺太郎氏、永瀬清子氏、久保武七郎氏の三名により、さきに文化財団事務局で用意した碑文候補の中から次回委員会までに選定することになった。

資金計画は建立経費を六百万円とし、文化財団負担三百万円、民間寄付三百万円とし、寄付は一口三千円とした。

設計者は文化財団で候補者をリストアップし、次回の委員会で決定する。

これらの決定事項について、文化財団事務局では次のように進めた。

「建立場所については建立候補地の清掃などをされてきた小橋町中屋敷町内会長に面会。建立の趣旨を説明すると快く賛同され、植樹などにより憩いの場となることを希望された。建立場所については、河川敷を管理している建設省岡山河川工事事務所と協議した結果、土地は岡山県が占用し、その上に文化財団が文学碑を建立するという方向が示された。

碑文の選定についてはかねて選んでいた作品六編の中から、「古里を思う」の一編「後楽園」の冒頭の文章が第一候補として選ばれ、俳句については自筆のある俳句の中から選ぶことになった。自筆の俳句については、内田百閒の弟子で作家の中村武志氏にお尋ねしたところ、中村氏が所有しているものがアサヒグラフに掲載されているので、その中から選ぶのであれば資料は提供するとの回答を得た。

文学碑の設計については候補者として四名の高名な建築家、デザイナーの名前があがったが、文化財団事務局の意見として、建築家の谷口吉生氏にお願いしてはどうかと提案。その動機は山形県酒田市に建設された「土門拳写真美術館」の素晴らしい設計を根拠とした。」

第二回委員会は昭和五十九年九月五日に開催され、次のことが決定された。

「碑文の選定は文章は全員一致して「古里を思う」の一編「後楽園」冒頭の「私は古京町の生れであつて、古京町には後楽園がある。子供の時から朝は丹頂の鶴のけれい、けれいと鳴きわたる聲で目をさました。」が選ばれ、俳句は中村武志氏所蔵で「春風や川浪高く道をひたし　百閒」に決定した。

文学碑の設計者は建築家の谷口吉生氏に全員一致で決定し、文化財団事務局で折衝に当たるよう指示された。また、募金の依頼先リストを作成して丹念にお願いすることになった。」

(六)　設計者建築家谷口吉生氏

昭和五十九年（一九八四）九月十四日、文学碑の設計をお願いすることになった谷口吉生氏を東京の谷口建築設計研究所にお訪ねした。谷口吉生氏は「父谷口吉郎は岡山県倉敷市に薄田泣菫の文学碑を設計し、全国に数多くの文学碑を設計したが、設計するに当たっては、その作家の思想や人柄や作品を十分理解したうえで行うべきである、とよく話していた。私としては文学碑の設計は未経験であるが、父の線を超えられるかどうか、取り組むとすれば自分の考えを盛り込んでみたい。百閒の作品も読み、近日中に岡山に行き関係者のお話も聞き、現地を見せていただきたい」とのことで、引き受けるかどうかは、その後で決めたいと話された。

その後、「百閒の作品を読めば読むほど彼は自分の文学碑などは好まないのではないか、百閒の文学碑は非常にむずかしい」と語られ、文学碑建立そのものに否定的なご意見を述べられたが、そこをまげてお願いをし、現地視察の結果、現在の碑の公園という構想となって結実した。

後日、谷口吉生氏が内田百閒文学碑の設計を引き受けてくださるまでの心境を「内田百閒文学碑の設計」として竣工記念誌に寄せられた。

「(前略)安易な観光資源として建設されたようなものも氾濫しており、かえってまわりの環境を壊して文学碑公害を起しているような現状を考えると、新たな文学碑の追加には慎重にならざるをえない。(中略)

私はこの建碑を機会に、昔の岡山を偲ぶ場所を作ろうと考えたのである。すなわち、岡山の歴史的景観である城と公園への眺望を生かした場所を演出することに設計の重点を置き、文学碑はその構成要素の一つとするという設計方針である。

まず周辺の環境を整備する。敷地東側には既存の樹木に加えて常緑樹を植え、周辺から遮蔽する。それに対して、西側は岡山城と後楽園への美しい眺望が強調されるよう、大きく開放する。敷地中央には樹形の整った10株程の八重桜が植えられる。石の造形は花崗岩の割石積みと、その前面に点在する円形の石によって構成される。石積みは簡潔な形態で重量感のあるものとし、それに碑文が刻まれる。円形の石は古い石を利用したものであり、休息のためのベンチとなる。長い年月を経た石肌が周辺に落着いた雰囲気を与える。植樹と石組による空間構成、八重桜の間に見えがくれする岡山城と後楽園、この全体が郷里岡山をこよなく愛した文学者内田百閒の碑であり、毎年4月20日の命日に訪れる人々は、満開の花とともに故人への追憶を新たにする。将来はこの公園の敷地全体がさらに整備され、八重桜の名所として、また内田百閒の文学と昔の岡山を偲ぶ場所として、人々に広く親しまれることを私は期待する。」

（七）文学碑の石材と施工業者

文学碑に用いる石材と施工業者については、設計者谷口吉生氏が推薦する、芸術的な感性豊かな石工和泉正敏氏に依頼することになった。和泉氏は、香川県牟礼町に「㈱和泉屋・石のアトリエ」を開設し、世界的な彫刻家イサム・ノグチ氏の製作に協力してきた方である。その関係で、和泉氏のところにはイサム・ノグチ氏が蓄えていた石材があった。そこで、イサム・ノグチ氏と親交の深い谷口氏が了承を得て、内田百閒文学碑に用いることとなった。施工は谷口氏の指示に従って和泉氏が自分の工房で石を組み立て、それを分解して文学碑建立の地に運んで仕上げをし、その後で碑文が刻まれた。

完成した文学碑は、大小八個の石を組み合わせ、長さ七・六メートル、高さ九〇センチメートル、幅八五センチメートルの横長の石垣に、俳句の真跡と百閒が好んだ明朝体の文章が刻まれ、環境に美しさと風格を創出している。

（八）文学碑周辺の植樹

昭和六十年（一九八五）一月、谷口吉生氏来岡の際に岡山後楽園の山本利幸所長と協議した結果、文学碑の後ろ側には常緑樹であるシイを、文学碑の前には、内田百閒の命日である四月二十日に満開となる、樹形の整った八重桜の「普賢象《ふげんぞう》」が適当であるとの案でまとまった。

八重桜の選定には岡山市の造園業者㈱山都屋の協力により、鳥取県倉吉市の石亀造園所有の圃場に行き、樹形の良い目通り約三十センチメートルの木を選んで、谷口氏の了承を得て購入することになった。八重桜「普賢象」の植樹は昭和六十年四月六日に山都屋によって行われた。なお、道路沿いには純白のキリシマツツジを後日植樹することになった。

（九）「内田百閒追想展」と講演会の開催

内田百閒文学碑の建立に合わせて、内田百閒を顕彰し、多くの人々に郷土の著名な作家の作品に親しんでもらう目的で、昭和六十年（一九八五）四月十九日から二十四日まで天満屋岡山店で「内田百閒追想展」、四月十九日には岡山県総合福祉会館で講演会を開催した。

「内田百閒追想展」では、内田百閒の弟子で「目白三平」の著者でもある作家中村武志氏が所蔵する内田百閒の直筆原稿や俳句書軸をはじめ、初版本から形見の品などが展示された。また、ご遺族からは内田百閒の「恋文」と『恋日記』が、「阿房列車」に同行されたヒマラヤ山系こと平山三郎氏からは写真などが提供され、多くの来場者で賑わった。

また、四月十九日の講演会では、文学碑の除幕式に出席のために来岡された中村武志氏が「百鬼園先生との出会い」、熱心な百閒文学ファンの随筆家江国滋氏が「百閒病患者の独白」と題して話された。講演会は、満員の盛況であった。

（十）内田百閒文学碑竣工式の開催

文学碑の竣工式は、内田百閒の命日である昭和六十年（一九八五）四月二十日の十時三十分から挙行した。式典には、百閒の長女内山多美野氏、次女伊藤美野氏、孫の内山美樹子氏、内田ミネ氏、内田榮太郎氏をはじめ、設計から石組、植栽にいたるまで終始現場で熱心に指導監督された谷口吉生氏、石工施工者和泉正敏氏、植栽工事担当の山都屋内山三郎氏の出席を得て、文化財団役員及び内田百閒文学碑建立委員会委員のほか来賓各位がご臨席のもと文学碑前の広場で行われた。

竣工式は松岡良明委員長の挨拶と小野啓三副委員長による経過報告に続き、孫の内田ミネ氏と内田榮太郎氏の手によって除幕され、雄大な石垣に刻まれた碑文が披露された。次いで松岡良明委員長から、感謝状と記念品が設計者の谷口吉生氏、石工施工の和泉正敏氏、植栽工事担当の内山三郎氏に贈呈された。来賓祝辞は岡崎平夫岡山市長が行われ、最後に内田家を代表して次女伊藤美野氏から挨拶があった。

竣工式に続き岡山県職員会館「三光荘」で懇親会が開催された。懇親会では、内田百閒の思い出話を江国滋氏と中村武志氏が語られたほか、困難な設計を引き受けてくださった谷口吉生氏が設計にまつわる苦心談を話され、和やかな内に竣工式の全ての行事を終了した。

（十一）文学碑に対する作家阿川弘之氏の所感

後に内田百閒文学賞の最終審査員を務められた作家阿川弘之氏は、内田百閒文学碑の現地を訪ねた際の感想を、福武書店発行の『新輯内田百閒全集』第三巻付録の月報3に「内田百閒の文章」と題した一文の中に、次のように書かれた（一部抜粋）。

「数年前、此の文学碑が出来ると聞いて、私は異を唱へた。百閒先生は文学碑などさぞやお嫌ひだつたらう、親の心子知らず、土地の人の思惑でつまらない物を作らない方がいいといふことを書いて公表した。実物を見るに及んで気が変つた。これなら泉下の御本人も多分御満悦であらう。百閒先生の文章の味をよく知る人々が建てたにちがひないと思つた。押しつけがましいところが無く、少々無愛想で、而もがつちりと堅固な美しい碑であった。」

（十二）寄付金

文学碑建立のための資金計画として、当初、文化財団負担金三百万円と寄付金三百万円の計六百万円で進めてきたが、寄付金は多くの方々の賛同を得ることが大切と考え、県内はもとより県外にも広く呼びかけることにした。すると、文化財団会員をはじめ、東京、名古屋、大阪、京都、神戸の岡山県人会、第六高等学校同窓会、地元町内会、そのうえ県内企業の協力を得ることができた。その結果全国の八百名を超す方々から目標を大きく上回る約八百万円もの募金が寄せられ、その額は周辺の植樹による環境整備に用いられた。

清掃など維持管理は造園業者に委託して行っている。

（十三）『新輯内田百閒全集』全三十三巻の発行

内田百閒文学碑の建立に当たって、内田百閒の「阿房列車」に同行し、百閒の著作活動を支えてきた平山三郎氏を、昭和五十九年（一九八四）六月に訪問した際に、「百閒作品の著作権は後添いの内田こい夫人が持っており、その管理を自分が行っているので、岡山で内田百閒全集を出版する計画があれば協力する」と提案された。そこで岡山の出版社である福武書店（当時）にはかり、昭和六十一年十一月十五日に第一巻が出版され、平成元年（一九八九）十月十六日の第三十三巻で完結した。

（十四）内田百閒生誕百周年記念箏曲演奏会

平成元年（一九八九）は明治二十二年（一八八九）に生まれた内田百閒の生誕百年に当

たることから、百閒と特に親交が深く、箏の師でもあった宮城道雄氏の後継者で人間国宝の宮城喜代子氏を迎えて、四月十六日に岡山県立美術館ホールで箏曲演奏会を開催した。

宮城喜代子氏は「六段の調」を独奏されたほか、「唐砧」では高音を宮城喜代子氏が、低音を岡山県出身で東京芸術大学教授にもなられた小橋幹子氏が、三弦を牧瀬裕理子氏が受け持たれた。演奏会の最後は宮城道雄氏作曲の「春の海」を、宮城喜代子氏と尺八を青木鈴慕氏により演奏され、地元箏曲各流派の賛助出演もあった。

（十五）内田百閒ゆかりの品々が集まる

内田百閒文学碑の建立をきっかけに、内田百閒ゆかりの品々が文化財団に寄せられた。最初は追想展に出品された作家中村武志氏からで、昭和六十二年（一九八七）十一月に所蔵の書、形見の品など、中村氏が所蔵されていたゆかりの品全てを文化財団に譲られた。

平成二年（一九九〇）十月には、後に内田百閒夫人となる堀野清子氏への思いを、中学生の頃に書き綴った『恋日記』四冊と恋文多数がご遺族から寄贈された。『恋日記』は、第二帖から第五帖までで、第一帖は失われているとのことであった。

その後、第一帖が平成六年十月に東京の古書市で見つかり、入手することができた。第

後に百閒夫人となる清子氏の思いを綴った『恋日記』

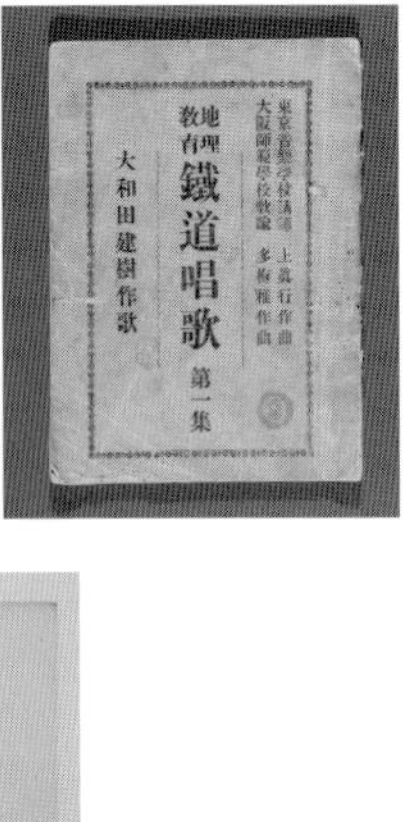

百閒愛蔵の『鐵道唱歌』

中学時代の図画

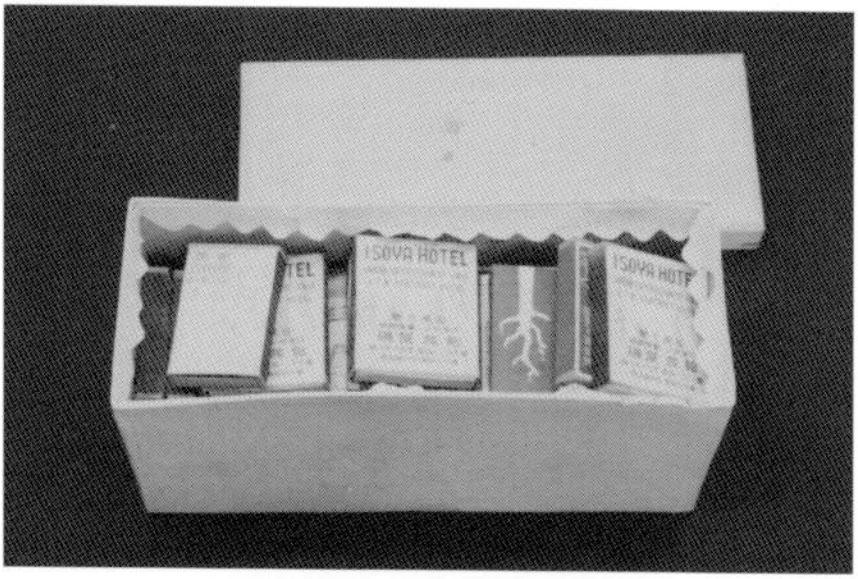

阿房列車の旅先のマッチ

平山三郎氏に贈った『阿房列車』の推敲の跡が残る直筆原稿の綴り本

阿房列車の本

一帖は明治三十八年（一九〇五）九月、百閒が数えで十七歳の時に書き始めたもので、親友堀野寛氏の家に訪れるうち、その妹清子氏に惹かれていく心情が綴られている。

この第一帖の発見入手が動機となって、㈱福武書店が改名した㈱ベネッセコーポレーションから『増補版　恋文・恋日記』が平成七年四月に発行された。

平成五年二月には、内田百閒の後妻こい氏と共に百閒の身の回りの面倒を見ていた妹の佐藤ち江氏から、姉のこい氏逝去後、内田百閒の学生時代の成績物や阿房列車の旅先のマッチ、身の回りの品々が寄贈された。その所蔵品を整理されたのは、内田百閒の著作本の装丁をしたことのある内田克巳氏で、内田氏からも形見として譲られていた内田百閒のブロンズ像をはじめ、百閒が日常に使っていたちゃぶ台や書棚などゆかりの品が寄贈された。

平成五年三月には佐藤ち江氏の案内で、内田百閒の主治医であった小林安宅氏（当時はすでに故人）宅を訪ね、静江夫人から弟子たちが毎年開いていた百閒の誕生祝賀会「摩阿《まあ》陀会《だかい》」や、新年に百閒が弟子たちを招いて開く「御慶《ぎょけい》の会」に関する資料から、新聞切り抜きなどを丹念に整理されていたスクラップブック二冊の寄贈を受けた。また、法政大学時代の教え子で、内田百閒が日本芸術院会員への推薦を辞退するために、「イヤダカラ」の紙片を渡されて断りのお使いの役を務めた、元実践女子大学学長の多田基氏からは、百閒から預かったという芥川龍之介が百閒をモデルに描いた戯画を今後の百閒顕彰の資料として活用してほしいとのことで、接写させていただいた。現在は、「イヤダカラ」の紙片と芥川龍之介の戯画は、実践女子大学に寄贈されている。

また、国鉄の社内報編集者で、百閒の著作活動を多岐にわたって支え、百閒没後は百閒文学に関する作品を数多く出版された平山三郎氏が、平成十二年三月二十四日に逝去された。その後、みち子夫人から内田百閒ゆかりの品が平成十四年に寄贈された。その中には「古里を思う」などの貴重な原稿があったほか、『阿房列車』の推敲の跡の残る直筆原稿をひとまとめにして平山氏に贈った綴りも含まれていた。平山家に残る資料を整理され、財団に寄贈するよう促されたのは、前記の内田克巳氏である。その後、病身であったみち子夫人は、この寄贈をもって、この世の仕事を終えられたかのように、平成十五年一月に逝去された。

その後も法政大学時代の教え子であった北村猛徳氏のご遺族や百閒とゆかりのあった方々からの寄贈が続いている。岡山を出て再び帰ることのなかった内田百閒の古里を思う心が、このような形で岡山に帰ってきているようでもある。

（十六）内田百閒墨跡陶板の寄贈と頒布

内田百閒の弟子で作家中村武志氏のご好意により、ご自身所蔵の墨跡を益子焼作家白石篤氏が陶板にした作品六七点が、文化財団に寄贈された。百閒文学を愛する人々に有料頒布して、その売上金を文化財団の活動資金として活用してもらいたいとのことであった。その中には文学碑に彫り込まれた俳句の「春風や川浪たかく道をひたし」も含まれていた。

文化財団では平成二年（一九九〇）四月、内田百閒の命日にちなんで天満屋岡山店の小画廊で頒布会を開き完売となった。

この陶板は人気であったため、文化財団から注文し、引き続き頒布しているほか、岡山県「内田百閒文学賞」の副賞として受賞者に贈呈している。

（十七）黒澤明監督の最後の作品「まあだだよ」への取材協力

世界的な映画監督黒澤明氏が、第三十作品として内田百閒と弟子たちの心あたたまる交流をテーマにした映画「まあだだよ」の製作を発表したのは平成四年（一九九二）十一月三十日のことである。その話は、黒澤明監督のもとで長年プロダクションマネージャーを務めてきた野上照代氏から文化財団に伝えられた。内田百閒に関する問い合わせや情報の提供は、生活を共にした佐藤ち江氏と文化財団から野上照代氏を通じて黒澤明監督にもたらされた。

佐藤ち江氏と野上照代氏は岡山まで来られ、内田百閒ゆかりの地を訪ねた。また映画に用いる小道具類も、初版本をはじめ文化財団所有の遺品類を参考にしたいとのことで、黒澤明監督の長女黒澤和子氏が担当者二名を連れて来岡し取材された。

（十八）岡山県職員会館「三光荘」内の「百閒コーナー」に展示（岡山市中区古京町）

内田百閒ゆかりの品が、ご遺族をはじめ弟子の方々から多く寄せられたことから、内田百閒の顕彰と文学作品に親しんでもらうことを目的として、百閒の生誕地と文学碑にほど近い岡山県職員会館「三光荘」の一階に「百閒コーナー」が、地元のまちづくりグループの意見も取り入れて、平成元年（一九八九）七月に岡山県により開設された。文化財団では、同コーナーに百閒の遺品や写真などを随時展示することになった。

その後、平成二十六年三月末に「三光荘」が閉館し、県庁の分庁舎となった。百閒コーナーは多少縮小されたが再開され、百閒を紹介するコーナーとして引き続き展示を行っている。

内田百閒文学碑を提案した長野士郎文化財団理事長は、「ゆかりの品が多くの人々のご厚

改装前の百閒コーナー

岡山県庁舎内の百閒コーナー

内田百閒追想展
（天満屋）

意によって集められたのは良いが、「内田百閒文学館」とか、「内田百閒記念館」が出来て、本格的な内田百閒の顕彰が望まれる」と話されていたことが今後の課題であろう。

（十九）内田百閒の三畳御殿を復元した追想展の開催

文化財団に寄贈された内田百閒ゆかりの品からは、生活の全貌が偲べるほどとなった。これらの品々を一堂に展示して、多くの方々の心に留めてもらいたいとの思いで、天満屋岡山店葦川会館を会場に、平成五年（一九九三）四月十四日から十九日まで「内田百閒追想展」を開催した。

佐藤ち江氏から寄贈された内田百閒の愛用品のほか、会場には内田百閒が戦後に暮らした「三畳御殿」と呼ばれる部屋を復元し、蓄音機をはじめ東京の宮城道雄記念館に寄贈されていた百閒愛用の箏も展示。展示品の総数は五百点を超え、五千五百人が会期中に来場された。

（二十）生誕百十年記念

平成十一年（一九九九）、内田百閒の生誕百十年を記念し、吉備路文学館で「生誕百拾年百鬼園博覧　内田百閒展」が企画され、文化財団所蔵の百閒ゆかりの品々を貸し出した。

平成十七年にも、同館で岡山時代の百閒を取り上げた展覧会が企画され、幼少期の写真をはじめ学校の成績物などで岡山時代の百閒を浮き彫りにする遺品展示に協力した。

(二十一) 生誕百二十年記念 「岡山の先人たち」展開催

平成二十一年(二〇〇九)五月二十日～六月十四日まで、岡山市デジタルミュージアム(現、岡山市シティミュージアム)四階企画展示室を会場に、「内田百閒生誕120年記念、山陽新聞創刊130周年記念、岡山市政令指定都市移行記念 岡山の先人たち」展を開催した。「岡山の先人たち」展実行委員会(文化財団、山陽新聞社、岡山市デジタルミュージアム)が主催し、岡山県、県教委、市教委をはじめ県内各館、顕彰団体の協力を得た。

これは、混迷する情勢の中で、難問にどう向き合い、発展させるべきかを先人たちの行動や考え方から学び、さらに岡山の歴史や文化など継承すべきものを考えるきっかけとなるよう、岡山県ゆかりの先人たちの足跡や業績を顕彰するとともに、郷土岡山との関わりを紹介する展示とした。

文化財団の会報誌『きび野』、山陽新聞の連載記事「先人の風景」で取り上げた人物を中心に、古代から現代までの物故者四十人程度とし、人物の選定は主に文化財団で行い、実

「岡山の先人たち」展

内田百閒の遺品展示

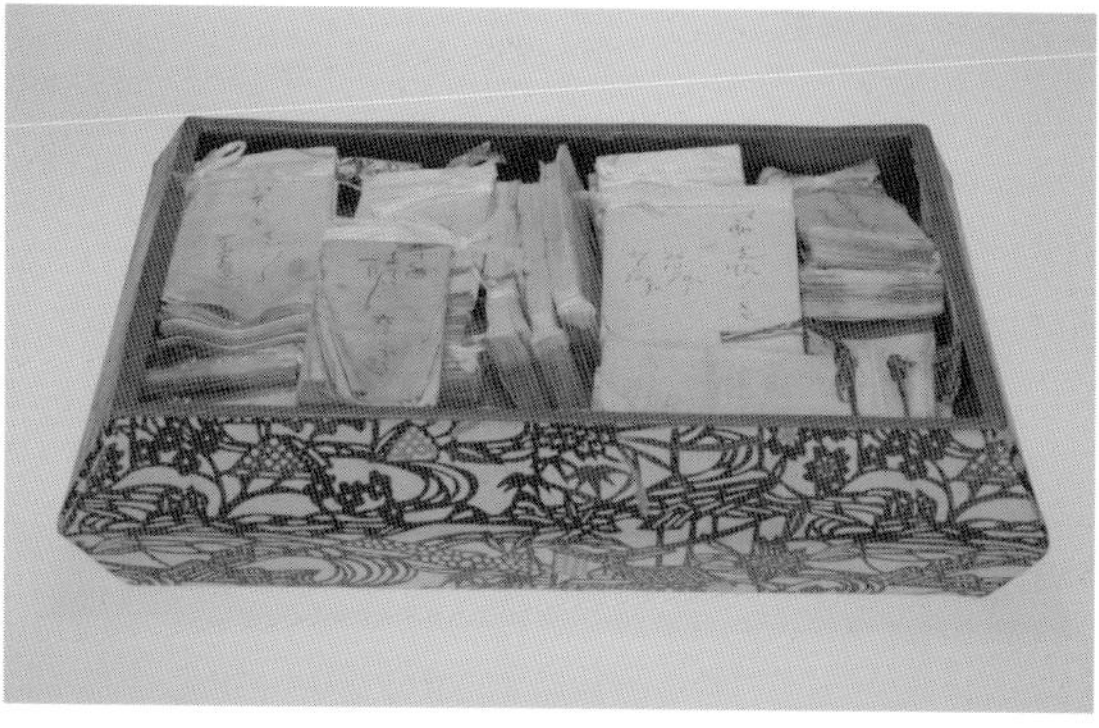
百閒が残した「御馳走メモ」

行委員会で了解を得た。その後、文化財団は人物紹介の文案作成と実物展示の準備、山陽新聞社は写真や記事の提供と広報、岡山市デジタルミュージアムはコンテンツやパネルのデータ作成と展示と、それぞれの特性に応じて分担し展示を進めた。展示の概要は次のとおりである。

① パネル展示

岡山県の大きな歴史の流れの中で、各界を代表する先人の人物像、活躍の内容、顕彰活動などを盛り込んだパネルを作成。生誕の地や活躍した土地など、岡山県や人物に関連した風景などは山陽新聞社「先人の風景」で掲載された記事・写真から紹介。

② 文化財団所蔵の遺品など実物資料を展示

内田百閒、犬養木堂、岡崎嘉平太、生田安宅

③ デジタルコンテンツの公開

かねてから内田百閒の残した「御馳走メモ」を基にした内田百閒の食道楽ぶりや主に昭和三十年代の活躍を紹介する常設用の展示用コンテンツをつくりたいという相談が岡山市デジタルミュージアムからあり、この会をきっかけに文化財団も協力して作成し、初公開となった。

また、平山家から寄贈された遺品の中に、百閒の誕生日を祝う「摩阿陀会」の昭和

三十九年（一九六四）第十五回の会の様子を写した八ミリフィルムがあったことから、文化財団ではＤＶＤ化し、それを含めて「摩阿陀会」の写真を画像とし、晩年の百閒が「摩阿陀会」で流したあいさつの音声を合わせて「摩阿陀会」を紹介するビデオを同館で作成していただいた。これは、現在も百閒の特別展などで活用している。

六　郷原漆器の復興（真庭市蒜山）

伝承によると六百年の伝統を持つとされる、真庭市蒜山の岡山県指定重要無形民俗文化財に指定された「郷原漆器」の復興を昭和六十年（一九八五）春から手がけた。

後日談として、郷原漆器の木地師高月國光氏が、平成二十九年（二〇一七）五月に第六十回日本工芸会中国支部展で「金重陶陽賞」を受賞し、同年秋には日本工芸会主催の第六十四回日本伝統工芸展で「ＮＨＫ会長賞」を受賞したことが挙げられる。今後さらに技術を磨き、郷原漆器の品質向上に寄与することが期待されている。

七　広兼邸修復工事（高梁市成羽町中野）

高梁市成羽町の吹屋は、その昔銅山で栄え、銅鉱石から生産されるベンガラで財をなす家が軒を並べ、ベンガラの町として全国にその名が知られている。その町並みから少し離れた成羽町中野に、壮大な石垣の上に立つ広兼邸がある。所有者が東京在住で、管理のために居住していた人は内部の見学を受け付けなかった。そのうちに所有者が土地建物全てを岡山県に寄贈されたことから、内部を点検すると、内部には新しい改造部分があり、建て増しされた座敷は主要な柱が沈下して、建具に歪みが生じていた。

岡山県では昭和六十年（一九八五）五月に修復工事を文化財団に委託することとなった。工事費は岡山県と文化財団がそれぞれ負担し、岡山県建築課の指導で、修復工事は七月下旬に完了した。

修復工事完了後は岡山県が成羽町に管理を委託して、昭和六十年八月一日から一般に公開された。広兼邸は横溝正史の「八つ墓村」の映画で舞台にもなったこともあってか、八月中には一万人を超える見学者があった。

現在は高梁市に譲渡され、多くの観光客でにぎわっている。

広兼邸(昭和61.8.12)

備前焼天保窯

八　備前焼天保窯の保存補強工事（備前市伊部）

備前市伊部にある、備前市指定重要文化財の「備前焼天保窯」は、かねてから崩壊することが心配されていた。この窯は天保年間（一八三〇〜四三）に大窯の融通窯として作られたもので、古来の穴窯の形式を捨てて、普通の登り窯の形式を採用したもので、備前焼としては大きな改革をしたものである。

その貴重な備前焼天保窯の修復工事を、備前市が奈良文化財研究所の指導のもとに実施する計画が持ち上がり、文化財団が支援して工事が始められた。同研究所の調査によると、原型をとどめた全国で唯一の古窯であるとのこと。こうした貴重な文化財を、現在の姿を残しながら補強することは困難なことであるが、補強材と樹脂加工による高度な技術により保護され、後世に伝えることになった。

保存補強工事は、昭和六十年（一九八五）十月三十一日に完了した。

九　吉備真備記念碑の建立及び記念公園建設の支援

奈良時代（七一〇～七八四）に吉備の豪族出身の吉備真備（六九五～七七五）は、二度にわたって唐の都長安（現、西安市）に赴き、当時世界最高といわれた唐の文化を日本にもたらし、奈良時代の諸制度や文化の繁栄に計り知れない貢献をし、後に右大臣に昇進した郷土の偉人である。

昭和六十年（一九八五）は吉備真備が唐の文物を請来して千二百五十年に当たることから、ゆかりの地で記念事業が計画され、文化財団が支援することにした。

①　中国西安市「吉備真備記念碑」

事業主体は吉備真備記念碑建立実行委員会（会長：長野士郎岡山県知事）で吉備真備が学んだ国士監（大学）の跡地に昭和六十一年五月八日に竣工した。

この碑の題字を揮毫したのは、戦後の日中友好に尽くした岡崎嘉平太氏である。

②　小田郡矢掛町と倉敷市真備町の記念公園

吉備真備の先祖は吉備郡真備町（現、倉敷市真備町）の出身といわれ、また、吉備真

吉備真備記念公園（倉敷市真備町）

岡崎嘉平太氏による
吉備真備記念碑揮毫

西安市の吉備真備記念碑

備の祖母の骨蔵器が小田郡矢掛町で発見されたことから、矢掛町と真備町が事業主体となり吉備真備を顕彰する事業が計画された。

☆　倉敷市真備町「吉備真備記念公園」　昭和六十二年三月三十一日竣工

☆　小田郡矢掛町「吉備真備公園」　昭和六十三年三月三十一日竣工

十　備中漆の復興（新見市、真庭市）

かつて川上郡備中町（現、高梁市備中町）は、良質の備中漆の大産地であったが、現地にダムの建設工事が始まり、漆畑は水没し生産は衰退の一途をたどった。その復興を願い一人で活動していた小野忠司氏の思いを受け止めたのは、企業のメセナ活動の一つとして支えた㈱林原の社長林原健氏と文化財団である。平成六年（一九九四）から「備中漆復興事業」に取り組んできた。しかし、同社の本事業からの全面撤退を受け、備中漆を守るため、岡山県、新見市、真庭市および文化財団などが設置した『備中うるし利活用協議会（会長：山口松太／漆芸家〈岡山県重要無形文化財保持者〉）』において、平成二十四年度から当面五年間、事業を継承することにした。現在は新見市と真庭市が管理し漆を生産している。

十一　生田家文書の収集・保存管理と顕彰

（一）生田家文書とは

生田家は代々岡山藩の藩医を勤めた家で、江戸時代の記録や幕末明治の当主生田安宅に関する記録を中心とする文書である。「生田家文書」のおおよその構成は、生田家が岡山藩に仕えていた頃に藩に提出した「奉公書」の下書きや先祖に関する書類、生田安宅の医学館時代から県病院への過渡期の文書・辞令、主に安宅が勉強したと思われる医学書、漢詩を趣味とした安宅の草稿などである。

生田安宅は岡山の近代医学の黎明期にその土台を作り、現在の岡山大学医学部発展の基礎を築いた一人で、その功績は、同学部の中山沃名誉教授が生田家から同学部に寄託された資料に基づいて、岡山文庫『岡山の医学』などに紹介されている。

その後、生田家のご子孫から岡山藩最後の藩主池田章政が生田家に贈った書「春輝」という書について、その価値が知りたいという問い合わせを文化財団にいただいた。当時、古文書や郷土資料を担当していた人見彰彦参事が、医学部に寄託されている資料があるのなら、それと合わせて総合的に検討しないとどういうものかわからないと回答したところ、同学部に寄託している資料ともども当財団に寄贈するので調査してほしいということになった。そこで、資料を管理されていた同学部の第二解剖学教室（当時）に連絡をとり、平成十年（一九九八）に生田家の資料が当財団に移管され、「生田家文書」として保存管理することになった。

（二）生田安宅（一八四〇〜一九〇二）

生田安宅は天保十一年（一八四〇）、岡山藩医の家に生まれ、最後の岡山藩主池田章政の侍医として東京に滞在中、東京医学校（大病院）で西洋医学を学んだ。岡山藩の医学館が出来ると教授に任じられた。廃藩置県の後、医学館廃絶の危機にあった時は同僚とともに診療費を運営に充てて、その存続をはかった。その後、医療と医学生の養成ができる県病院設立に尽力し、初代院長となり医療と学生の教育に当たった。

明治十二年（一八七九）には、アメリカの医学者ダルトンの生理学のうち生殖機能の部分を医学生の参考とするために翻訳し『生理提要附録』として刊行した。安宅は序文に「田舎の医学生」と書いているが、当時の岡山が地方にありながら、こうした翻訳書が理解できる医学の先進地であったことがわかる。また、出版元の細謹舎は地元で教科書を何冊も出版しており、後に岡山県が教育県といわれるようになった素地がしのばれる。

その後、さまざまな改革があり、県病院を離れた後は駆梅院長として梅毒対策と娼妓の健康維持、コレラが流行した時にはその対策に奔走した。

また、空船という雅号を持ち、趣味の漢詩を通じて文化人と広い交流があった。安宅は晩年に、若い時からの漢詩や文章を『空船詩艸』にまとめている。明治三十五年（一九〇二）に亡くなった時の追悼文には温厚篤実な人柄で、勤倹を旨とした生活であったという一文がある。

では、文化財団に「生田家文書」が寄贈されるきっかけとなった池田章政の書「春輝」はどういうものであったか。実は、その由来を直接知る資料は存在しなかった。

しかし、生田安宅が県病院設立の趣意書などに盛り込んだ医学館設立に対する章政の強い意志、それを受け継ぎ医学館の灯を守ろうとした生田安宅たちの奮闘ぶりをみると、これから始めようとする西洋医学による医師の育成にかける心意気、明るい未来を予感する光を伝えようとする書ではなかったかと思われる。

池田章政の書「春輝」

生田安宅　肖像写真

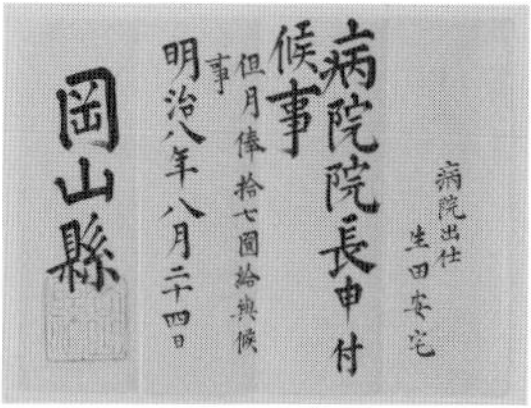
病院出仕
生田安宅

病院院長申付
候事
但月俸拾七圓給與候
事

明治八年八月二十四日

岡山縣

県病院長の辞令

アメリカの医学者の
本の一部を翻訳した
『生理提要附録』

十二　仁王像と四天王像の修復（岡山市北区後楽園）

（一）修復のきっかけ

後楽園には、築庭された池田綱政公（一六三八～一七一四）が平安を願って園内に祀った慈眼堂（本尊は二体の如意輪観音で、現在は空堂）の山門の仁王像と、江戸時代中期の作とされる四天王像が伝わっている。平成十二年（二〇〇〇）に、築庭三百年を迎えることから、岡山県では「おかやま後楽園300年祭」を開催し、岡山県立博物館では特別展「岡山城と後楽園」（平成十二年二月四日～三月五日）が開催された。この時、この六体の仏像も展示されたが、長年の歳月を経て傷みが激しく、文化財団を含め関係者の間でその修復が話題となった。

300年祭の事業としてその修復が検討されたが、県費からの出費は難しいということになり、同祭実行委員会と共催で、県立博物館の指導をいただきながら文化財団が主体となり解決をはかることとなった。

（二）寄付金による修復

修復するに当たっては相当額の資金が必要であり、その調達方法も一つの課題である。文化財団では、文化財の修復を文化財団の予算で修復する方法もあるが、多くの人々に岡山後楽園に関心と親しみを寄せてもらえればと、修復に要する資金五百万円は全て寄付によることとした。

寄付金の募集は、特別展終了後の平成十二年（二〇〇〇）四月二十一日から十三年一月十五日まで続いた。

募金は文化財団会員をはじめ、心を寄せてくださる県内外の方々や企業のほか後楽園の来訪者にもお願いすることにした。募金は最終的に目標額の五百万円を大きく上回り、約八百名の方々から七百万を超える額が寄せられた。

（三）仏像の「保存修復」とその後

修復は県立博物館の推薦で、経験豊かな仏師にお願いすることになり、大和郡山市の東明寺住職で、仏師の田尻哲玄氏に依頼した。また、この修復では、出来た頃の美しく彩色された姿に戻すのではなく、三百年を経てきた現在の姿を後世に伝えることを主眼として、

池田綱政公が平安を願って祀った慈眼堂山門の仁王像

四天王像

「保存修復」という方向で進められた。

仏像の移動に際し、像に手を加える時には像から魂を抜くことが作法とされており、「脱魂式」を行うことになった。江戸時代の記録『御後園諸事留帳』（岡山大学附属図書館所蔵池田家文庫）によると、慈眼堂のお祀りは岡山市北区三野の法界院が執り行っていたことから、同寺の住職橋本旭峯氏にお願いし、平成十二年（二〇〇〇）六月五日に奈良へ送り出した。その後、保存修復は田尻哲玄氏と京田辺市の能面師小松谷宏晴氏によって完成した。

この修復では、多聞天の胎内から「京仏かう寺（仏光寺ヵ）しんまちひがし入　めいわ二ねん六月二十二日　恵（ゑヵ）屋平兵衛」という紙片が見つかった。これは、『御後園諸事留帳』の明和二年（一七六五）三月二十六日に仏師が四天王像を持ち帰り、同年七月十四日に修復ができたという記事と一致することから、同年の修復「御彫色替」に携わった一人と考えられている。また、元の彩色が色鮮やかに残っていた部分も確認されるなど、いろいろな発見があった。今回の保存修復では、浄財を寄せられた方々の名前を和紙に墨書し、明和二年の紙片とともに多聞天の胎内に納めた。

保存修復を終えた像は、平成十三年二月から約一ヵ月間、県立博物館で公開した後、仁王像は三月二日の後楽園開園記念日に慈眼堂山門に安置することになり、法界院の橋本住職によって入魂式が行われた。その後、平成二十一年に県立博物館で特別展「岡山後楽園」が開催された時の調査で、傷みや汚れが生じており、展示後は同館で保存管理することになった。

一方、四天王像は二色が岡の四天王堂に安置することの危険性を考慮して、最初から県立博物館で保存管理することになった。

さらに目標額を超過した寄付金で、破損が目立つ四天王堂の屋根を修復し、さらに四天王像を県立博物館で保存するための箱を一体ごとに作った。箱の表には、岡山の書家小林白汀氏に四天王像名（持国天、増長天、広目天、多聞天）を揮毫していただいた。

十三　池田光政公御涼所跡の復旧（岡山市北区中原）

（一）池田光政公御涼所跡

岡山市北区中原に、岡山藩初代藩主池田光政公が納涼に訪れていたゆかりの地がある。歴代藩主をはじめ学者、領民が大切に守り伝えてきたこの地には、光政の遺徳を偲び、仁政を志そうとした藩主たちの思いが込められた二基の碑が伝わっていた。しかし、時代の流れの中でこの地も碑も変貌したため、文化財団では平成十七年（二〇〇五）から整備計画を進め、二十三年三月に「甘棠碑《かんとうのひ》」の修復と周囲の整備が完成した。

（二）整備の過程

平成十六年（二〇〇四）、文化財団広報誌『きび野』に、廣常人世岡山大学名誉教授が「甘棠碑」が荒れた状態にあることを嘆く随想を寄稿された。ちょうどその頃、郷土史研究家からも「甘棠碑」や御涼所跡を再整備してほしいという願いが文化財団に届けられていた。

同所の由来は現地パンフレット（後出）のとおりであるが、かつて明治維新後にも荒れた状態となったことから明治十七年（一八八四）に池田家旧臣や地元有志を中心に整備が計画され、池田家の了解を得て同二十一年に整備されたことがあった。その後は、「史跡御涼所跡」となっていたが、戦後、昭和二十五年（一九五〇）に池田家から岡山県に寄贈。同三十年に史跡指定が解除され、以後地元の集会所や野菜の集出荷所などに利用されてきた。その前後に「甘棠碑」は元の台座から切り離されたようだが、地元有志によって「遺愛棠碑《いあいのうめのひ》」の横に立て直され、二基の碑はひっそりと息をつないできた。

この状況に鑑み、平成十七年六月の文化財団理事会に事務局から整備案を提出

池田光政公御涼所跡(平成23年)

「甘棠碑」

整備前の様子(平成16年)

整備前の碑(平成16年)

碑の移転工事

元の台座

集出荷所撤去（平成22年）

完成式

し、決定された。そこで地元町内会、農協、岡山県、岡山市、消防局など各方面に折衝を開始し、同二十年には集会所を撤去し、「甘棠碑」を元の台座へ移設するという、二基の碑の周辺だけの整備で計画を進めた。

そうしたところ、平成二十一年春、岡山市農協で中原集出荷施設の移転が決定された。これにより、消防団牧石分団機庫を除く大部分の整備が可能となり、同二十二年六月、「池田光政公御涼所跡」整備委員会（委員長：越宗孝昌山陽新聞社社長）を設置し、整備計画を見直した。そして、より多くの方の賛同と理解を得るため、同年六月から九月にかけて募金を開始した。七月には整備に賛同いただいた岡山県備前焼陶友会から一一三点の備前焼が寄贈され、八月から販売開始し、売り上げは募金に充てられた。また、八月には柴田一就実大学名誉教授、廣常人世岡山大学名誉教授による整備記念講演会を開催し、より多くの方に整備事業の意義を知っていただくことができた。こうして、文化財団の負担金三百万円、募金の四百万円、合わせて七百万円の資金が集まった。

平成二十二年十月に起工式を挙行し、「甘棠碑」を一時撤去して台座に据え直す作業にとりかかった。平成二十三年二月、中原集出荷施設移転に伴い、本格的に整備が開始され、三月二十四日に完成式を挙行。四月からは、中の原町内会に掃除など日常の維持管理を委託し、現在にいたっている。

整備については、岡山県、岡山市、牧石学区連合町内会、中原町内会、山陽新聞社、岡山県備前焼陶友会、園竹茶杓の会の協力をいただき、整備工事は㈱大本組と石工事は市石材工務店が当たった。

〈現地配布のパンフレットより（文案　廣常人世岡山大学名誉教授）〉

「岡山城から旭川の上流約5㎞の岡山市北区中原に、藩祖池田光政が休息のために訪れた御涼所がありました。光政は、領民を煩わせないよう配慮して、ただ幕を張るだけの簡素なしつらえで、くつろいだ時を過ごしました。

宝暦七年（一七五七）、光政の孫継政は野廻りの途中で雑木が茂るここに立ち寄り、村の名主が光政の慈しみを敬慕の念をこめて語るのを聞きました。藩祖の仁政の明徴はここにもあったと感動した継政は、城に帰ると直ちにこの場所を聖地として守るために碑を建てることを命じました。

碑文のキーワードを「勿翦勿敗」（ここの樹木は切ってはならぬ、傷つけてもならぬ）と指定して漢文の二句を作らせ、藩学校の教授市浦清七郎の草案を採用し、さらに自作の和歌一首を裏面に添えました。碑の文字はすべて清七郎が命を受けて書写したものです。これが、中原に残る「甘棠碑」です。

以前から継政は毎年5月の光政の忌祭には、岡山城西の丸の梅の名木「花香実（はなかみ）」が実をつけた小枝を御廟に供える例にしていました。光政が愛していたこの梅を、継政はさらに御涼所にも咲かせようと、接ぎ木して「甘棠碑」の側に安永4年（一七七五）に分植しました。

その後、継政の孫治政も、父祖の精神を継いで篤く仁政を志しました。西の丸の花香実の老衰を憂えた治政は、文化十四年（一八一七）、祖廟に供える梅を、今後は中原の接ぎ木から採るように定めました。藩学校の教授たちは、この処置に推服すると共に、宝暦7年と文化十四年とは干支が一巡して、同じ丁丑《ひのとうし》の年であることに驚歎し、歴代藩主が常に藩祖の根本精神に立ち返ることが天の道に合致して、我が岡山藩は永く繁栄するであろうと喜び合いました。そして、このことを広く領内に知らせ、また後世に伝えるべく、此処に碑を建てることを願い出ました。治政の許可を得て、教授万波醒廬《まんなみせいろ》が撰文と書を、処士武元登々庵が篆額を担当し、翌年はやくも碑は建立されました。これが「遺愛楳碑」です。

明治の廃藩と昭和の敗戦など、激変した時世の打撃を受けながらも、ここは地域の人々によって守られてきました。岡山県郷土文化財団では、地元の皆様や土地所有者である岡山県のご理解とご協力をいただきながら、光政公の事績を伝えるとともに、この御涼所跡が郷土の誇るべき歴史や文化を知る場として受け継がれることを願い、整備委員会を設けて「甘棠碑」の修復と周囲の整備を行いました。

第三章　自然保護事業について

一　岡山県による自然保護のための土地取得

日本がバブル期であった時代には土地の乱開発が進み、美しい自然が失われるおそれがあった。そこで、開発の手が入らないように、自然保護を一つの目標として発足した文化財団では自然保護や文化財保護のための土地を購入することを計画していた。

そのためには少なくとも十億円ほどの資金を積み立てる必要があると考え、毎年積立金も蓄えていた。しかし、文化財団が土地を購入する場合、問題点の一つに、文化財団が民法上の公益法人である財団法人として認められてはいるが、土地を取得する場合の不動産取得税や固定資産税は、一般と同様に課税されることがあった。ところが、県とか市町村のような地方公共団体が土地を購入する場合には、税の負担は免除される。そうしたことから、緊迫する土地の乱開発から美しい自然を護るため、長野士郎岡山県知事の英断により岡山県が土地の買収を進め、その購入面積は吉備路風土記の丘、岡山県立森林公園など六百㌶にも及んだ。

二　苗木の交付

自然保護のための土地取得は岡山県の行政として取り組まれたが、文化財団としての自然保護事業をどうするかという課題が残った。そこで文化財団理事長でもあった長野士郎県知事が提案されたのが、県内の自然環境を美しくするために、春に美しく開花する桃、桜、梅の苗木を希望する市町村や団体に無償提供しようという事業である。

最初に苗木の交付申請が提出されたのは、五重塔で有名な備中国分寺のある都窪郡山手村（現、総社市山手）である。山手村では村民のボランティア活動によって整備された山手村スポーツ広場周辺に梅林を造成する目的で、昭和五十七年（一九八二）三月に梅の苗木千本を交付し、村民の手で植栽された。

以後も県下各市町村や団体から次々と交付申請が出され、郷土の美しい環境づくりに貢献している。次に代表的な例を二件ご紹介したい。

（一）「梅の里公園」（津山市神代）

苗木を交付した中で、特色のある梅の里として、近県からも開花時期には観光客が大勢訪れる場所に「梅の里公園」がある。

植栽の動機は、久米町（現、津山市神代）で長野士郎県知事を囲んでの会合の席で、地元の婦人から「久米町の町の花は梅なのに、梅の木がない。町中に梅の植樹をすることはできないものか」という発言があった。知事は「文化財団が苗木を無償で交付しているので、役場ともよく相談して植栽地を選び、計画を立てて前に進めてはどうか。文化財団にはよく話しておく」と答えたことから、この事業が始まった。

その後、役場での計画が進み、植栽場所は久米町神代が選ばれ、平成三年（一九九一）から植栽が開始された。今では果実の加工施設もでき、梅の実を使ったさまざまな製品が製造販売されるまでになった。「梅の里公園」は「津山市神代梅の里管理組合」が管理しており、毎年季節には「うめ祭り」が開催されている。

（二）蒜山ポプラ並木の復元　（真庭市蒜山）

①　ポプラ並木の始まり

昭和三十六年（一九六一）に、時の三木行治岡山県知事が、寒村であった真庭郡川上村（現、真庭市蒜山）の蒜山高原を「乳の流れる里」にと、ジャージー牛を導入して酪農振興を図る

梅の里公園

シラカバ植樹

ため、酪農者の養成を目指して岡山県立酪農大学校を開学した。このことを感謝された時の川上村長が、三木行治県知事の了承を得て「三木が原」と命名された。

その後、昭和四十年に、中四国九県と兵庫県で構成する財団法人中国四国酪農大学校として改組された。その大学校の第二牧場が三木が原にあり、場内には長さ約八百メートルの牧道がある。その両側には昭和三十八年から翌年にかけて、ポプラ三二〇本が植えられ、蒜山に美しいポプラ並木の景観が創出された。

② ポプラ並木の枯死と再生

ところが平成三年（一九九一）には老化と害虫により枯死するものが増えた。そこで地域に喜ばれることをしようと、奉仕団体である岡山後楽園ロータリークラブが、文化財団からポプラの苗木五〇〇本の交付を受けて植樹を行った。しかし、残念なことにポプラの苗木は生長せずに枯れてしまった。原因を岡山県林業試験場に調査を依頼したところ、植栽地の土壌にはナラタケ菌が繁殖しており、ポプラが枯死した後に再びポプラを植えることは無理と判断された。

③ 文化財団による募金とシラカバの植樹

その後、美しい並木を形成する樹種を検討したところ、北海道の帯広にシラカバの美しい並木があることがわかった。そこで、文化財団では平成十年（一九九八）三月に、「一人の千本よりも千人による千本」に意義があると考え、広く募金を呼びかけたところ、九百名近い方から三百万円が集まった。

平成十一年三月、長野士郎県知事夫妻も参加され、文化財団会員をはじめ地元有志や岡山後楽園ロータリークラブの会員家族によって、八〇〇本のシラカバの苗木を雪が積もった中で植え付けた。

その後、募金の残額と同ロータリークラブの寄付により、シラカバの苗木七〇〇本を牧道の両側に植栽し、一五〇〇本によるシラカバ並木が期待された。それから五～六年が経過し、シラカバは順調に生長し、美しいシラカバ並木が出来つつあった。ところが、カミキリムシの幼虫が木の芯を食い荒らし枯死する被害が出始めた。酪農大学校ではその駆除に努力されたが、倒木が続出し、ついにシラカバ並木は夢と終わった。

その後、並木復活の発案者である同ロータリークラブでは、文化財団に寄せられた多くの方々のご好意に報いるためにも何とか成功させたいとの思いから、真庭市蒜山振興局と協議を重ね、蒜山高原で美しい紅葉を見せるモミジバフウが良いということになり、平成二十三年（二〇一一）十一月に植樹し、現在のところ順調に生長している。

三　植物に関する難波早苗文庫の取得と公開

生涯を通じて岡山県内を中心として、日本国内の植物に関する調査研究に尽力された、御津郡御津町（現、岡山市北区御津）の植物研究家難波早苗氏（一九一三〜九八）は、植物に関するあらゆる図書を収集所蔵され、その数は植物関係文献、図書、雑誌など約一万二千冊にも及んでいる。植物標本の数も多数で、それらの資料を後世に伝え、植物研究の役に立てて欲しいとのことで、難波氏所蔵の資料全てを、文化財団が平成九年（一九九七）五月に譲り受けた。

図書関係は岡山県総合文化センター（現、岡山県立図書館）に寄託して整理を依頼し、整理完了後は「難波早苗文庫」として、平成十年四月から広く一般に公開することにした。主要な定期刊行物については、文化財団で引き続き購入して、県立図書館に定期的に納入している。また、植物標本約一万一千点については岡山県自然保護センターで保存整理し、公開して植物に対する関心を深める資料として活用することにした。

難波標本については、標本ラベルに自身の標本番号を付して同定、整理されていたもの約三千点を、平成十年に第一次目録としてまとめた。その後、公的な機関として植物標本を保管するとともに、広く研究に利活用されるよう、岡山県自然保護センター標本庫（OPNCC）を設立し、難波標本（第一次分の標本も再整理）を含む、収蔵標本の整理を進めた。難波標本約一万一千点のうち、第一次以外のものについては、新聞にはさまれたままの未整理標本だったため、標本のマウント、同定、データ入力、標本庫番号付記、ラベル貼付など、登録及び仕分け作業を行った。

現在、同センターの収蔵標本は一万四千点がデータ入力され、分類順に配列・収蔵されて閲覧可能となっている。またセンターのデータは、国立科学博物館に設置されているサイエンスミュージアムネットに登録されており、誰でも自然史情報を検索することができる。

センター棟には「難波早苗コレクション」として展示コーナーを設け、難波氏の活動を紹介している。

難波氏の業績の一つに、氏が発見して新種記載されたタカハシテンナンショウがある（一九五三年採集標本）。昭和二十七年（一九五二）に高梁市臥牛山で採集した標本を、京都大学の北村四郎博士へ送付して同定を請い、昭和四十一年に北村博士が新種タカハシテンナンショウと命名して、学会誌に発表された。

そのほか、今では自生が幻になってしまったヤチシャジンやミズトラノオなどの標本や、

「難波早苗コレクション」コーナー

タカハシテンナンショウの標本

レッドデータ種に指定された県内の貴重な標本が数多く採集されており、過去の岡山県の自然を知るうえで重要なデータになっている。

なお標本の閲覧は、標本を扱う知識やルールを心得た人であることが前提となり、環境省版や岡山県版レッドデータブックや目録の作成、また分類学研究の資料として、主に研究者に活用されている。

第四章　普及活動について

一　広報活動

（一）広報誌『きび野』の発行

①　発行の趣旨

会員制度を取り入れて発足した文化財団であることから、会員へ自然や文化に関する情報を届けるため会報誌の発行を始めたのは、文化財団発足間もない昭和五十五年（一九八〇）七月のことである。創刊号はA５判で、仮称「会員だより」として発行された。

会報の正式名称を募集したところ、多くの会員から応募があり、その中から『きび野』が選ばれた。第三号から『きび野』の題名で発行することになった。その題字は長野士郎文化財団理事長の筆によるものである。

②　編集方針の変化

昭和五十五年（一九八〇）の発刊当初に取り上げた項目は、「ふるさとの祭り」、県下各市町村の「わが町・わが村の自慢」、県下で活躍している工芸家を紹介する「おかやまの手づくり」、会員による「会員だより」、郷土料理を取り上げる「郷土の味」などである。

その後、昭和五十七年六月発行の第六号から、シリーズとして「地域文化創造に向けて」、

会報創刊号

会報第３号から「きび野」へ

有識者による「随想三題」、「岡山の自然」、「岡山の文化財」が加わり、一四ページで年四回の発行となった。

昭和六十三年一月発行の第二八号から、「おかやまの手づくり」を「岡山の匠」と表題を変えて伝統工芸の作家の方々も含めて領域をひろげた。最初は備前焼人間国宝の山本陶秀氏に登場してもらった。また同号からは、岡山県立美術館の収蔵作品を表紙とし、同館の学芸員に表紙説明をお願いしている。

また、平成七年（一九九五）六月発行の第五八号からは、文字を大きくし、シリーズ「岡山の人物」など記事を増やし一八ページとした。

その後、平成二十二年六月発行の一一八号からは、会員だけでなく広く一般の方にも文化財団の活動を知っていただくため、会報誌から広報誌とし、県庁の一階の県民室、県内の図書館と大学図書館、文化施設などにも配布している。また、「地域文化創造に向けて」を個人でも登場でき、地域でも忘れられそうな想い出を語ってもらう「ふるさとの想い出」とした。平成二十九年十月現在、一四七号まで発刊し、項目は「表紙説明」「随想二題」「岡山の人物」「岡山の自然」「岡山の文化財」「わが町・わが村の自慢」「ふるさとの想い出」「文化財団ニュース」「催しのご案内」「会員だより」「ご案内」の一四ページとなっている。

『きび野』は二つ折りにして会員に送付していたが、表紙が折れるのはもったいないとの声が多く、その後メール便などが登場し、送付にかかるコストも抑えられたことから折らずに送付できるようになった。

(二) 財団ニュース「お知らせ」の発行

文化財団の行事などをいち早く会員の方々にお知らせするため、文化財団のシンボルカラーである若草色の用紙を用いて財団ニュース「お知らせ」を随時発行している。その第一号は昭和五十七年(一九八二)四月に発行され、現在は第四八七号まで発行されている。また、連携のある県内の文化施設や団体で、文化財団が後援する催しのチラシ等を配布する希望があれば、『きび野』や「お知らせ」とともに会員に発送している。

二 研修会、講演会などの開催

(一) 自然や文化財を訪ねる「バスの旅(現地研修会)」

昭和五十五年(一九八〇)四月から、文化財団の会員を、県内の優れた自然や文化財などの現場に案内して、自然や文化財について学習する「バスの旅」（昭和五十九年からは「現地研修会」）を実施している。

①「バスの旅」

第一回は昭和五十五年（一九八〇）四月二十四日で、吉備路の神社仏閣をはじめ、古墳や郷土館を訪ねた。目的地は、吉備津彦神社、吉備津神社、矢喰宮、備中国分寺、備中国分尼寺跡、こうもり塚、宝福寺、吉備路郷土館で、参加者は三〇八名であった。

「バスの旅」は初回から人気を集め、当時はこうしたバスツアーが少なかったこともあり、参加者は次第に増加し、バスを何台も連ねて行くことになった。バスにはそれぞれ専門の講師に同乗してもらい、バスの中でも学習をしながら、会員相互の親睦を深めながらバスの旅を重ねた。県内各地の主要な博物館、美術館、神社仏閣をはじめ、森林公園や若杉原生林など自然と文化両面への関心を持ってもらう機会とした。

昭和五十九年度からは、自然や文化財をより深く知り、身近な郷土の歴史により関心を持ってもらえるよう学習の要素を増やし「現地研修会」と名を改め、民間の観光ツアーとの差別化をはかった。

近年では、美術館や博物館で岡山ゆかりの展覧会を専門の学芸員から説明を受けて鑑賞

吹屋の町並み

北木島

大多府島

した後、現地を訪れるという企画や近代化遺産として注目を集めている干拓のための堤防を研究者から説明を受けて見学したり、古い町並みを自分のペースで歩き、そこに暮らす人々との交流をはかるなどの企画が人気を呼んでいる。

② 瀬戸内海の自然と歴史を訪ねる船の旅

昭和五十九年当時、建設工事が着々と進んでいる瀬戸大橋の工事現場の見学を中心に、宇野と高松を結ぶ連絡船を借り上げて、船の旅を計画したところ、会員の関心を集め、七七九名の参加があった。

昭和五十九年七月二十二日（日）に、宇野港～鷲羽山沖～大崎鼻沖（香川県）～宇野港というコースで、兵庫教育大学長の谷口澄夫氏が、「瀬戸内海の自然と歴史」、㈶海洋架橋調査会調査役西山亮二氏が、「瀬戸大橋の架橋工事」と題して船内で講演された。

この船の旅は好評であったため、昭和六十年度では五月に開催した。この会では、瀬戸内海の歴史と文化についてはノートルダム清心女子大学教授神野力氏と県史編纂室室長代理三好基之氏に、架橋に関しては前回と同じく㈶海洋架橋調査会調査役西山亮二氏にお願いした。

（二）「文化講演会」の開催

県民の文化に対する認識を深めるとともに、文化財団の趣旨を普及するために、日本を代表する専門家の方々による講演会を県下各地で開催した。

第一回は昭和五十五年（一九八〇）五月二十七日、岡山市民会館大ホールを会場に、講師には小林秀雄、安岡章太郎、大江健三郎の各氏を迎えて開催した。

また、昭和五十六年度以降は、次の方々を講師に迎えて平成七年度（一九九五）まで毎年県下各地で十五年間開催した。（敬称略・順不同）

大町陽一郎、金田一春彦、鈴木義司、渡部昇一、陳　舜臣、
木村治美、芦原義信、小泉文夫、長野士郎、岡部冬彦、
岡本太郎、開高　健、阿川弘之、荻　昌弘、米山俊直、
池田満寿夫、朝倉　攝、中村武志、江国　滋、加藤　寛、
露乃五郎、藤山一郎、笹沢佐保、草柳大蔵、菊池春夫、
水野晴郎、椎名　誠、田村　明、山田洋次、菊竹清訓、
二瓶長記、小池義人、沼田曜一、鈴木健二、イーデス・ハンソン、
外村吉之介、長門　勇、木本教子、猪爪範子、早坂　暁、

和泉雅子、　桂　枝雀、　ケント・ギルバート、　灰谷健次郎、　天地総子、
畑　正憲、　桂　文珍、　岩井半四郎、　永田尚久、　山本寛之、　笹沢左保
福井敏雄、　田中　琢、　今井通子、　倉嶋　厚、　中島誠之助、　神崎宣武

（三）郷土文化講座（『岡山の自然と文化』の発行）

文化財団の創立の目的は、先人から受け継いだ豊かな自然や、貴重な文化的遺産を保護して次の世代に引き継ぐとともに、伝統に根ざした地域文化を創造し、「うるおい」と「やすらぎ」のある郷土づくりを目指すことである。

その目的を達成するためには、私たちの暮らしに身近な自然や歴史、文化について認識を深めることが大切であると考え、さまざまな分野の講師の方々に日頃のご研究の成果について講演をお願いした。

また、講座に参加できなかった会員のために、講演された内容を冊子にまとめて『岡山の自然と文化』として配布している。

第一回は、昭和五十五年十一月から同五十六年三月までの五ヵ月間に、一三名の講師に講演をお願いした。

講演集『岡山の自然と文化』

郷土文化講座

講座名	講師		開催日
岡山と池田藩	兵庫教育大学長	谷口澄夫	十一月　一日
吉備文化	ノートルダム清心女子大学教授	神野　力	十一月十五日
岡山の花と木	岡山大学・清心学園講師	佐藤清明	十二月　六日
岡山の動物	川崎医科大学副学長	松本邦夫	十二月二十日
岡山の鳥	県立岡山朝日高等学校教諭	太田耕次郎	十二月二十日
岡山の風俗	岡山民俗学会理事長	土井卓治	一月　十日
岡山の民話	山陽学園短期大学助教授	稲田和子	一月十七日
文化雑感	岡山県知事・文化財団理事長	長野士郎	二月　七日
岡山の古い歌	美作女子大学教授	野上義臣	二月　七日
岡山の食風俗	川崎医療短期大学教授	鶴藤鹿忠	二月二十一日
岡山の食用植物	順正短期大学講師	加藤　豊	二月二十一日
備前焼	備前焼作家	山本陶秀	三月　七日
岡山の短歌	山陽学園短期大学教授	大岩徳二	三月二十八日

第二回以降は、講演内容を充実をさせるために講演時間を延長し、講座も半減して開催した。開催時期も戸外の現地研修会が不向きな寒い季節の一月から三月の間に開講することにした。

平成十五年（二〇〇三）以後は、自然と文化の各分野から話題になっている事柄や長年にわたる研究の集大成などをお話しいただく四講座にしぼった。話題によっては同じ講座で複数名の講師がお話しされることもある。講座の時間は午後一時三十分から四時まで、休憩をはさみ、約二時間であるが、参加者は熱心に最後まで聴講されている。

この講座は、充実した内容として専門家の間でも注目され、近年では会員以外にも一般の方からの聴講も多い。

(四) 岡山県郷土文化財団会員作品展の開催

会員の中には絵画作家や写真作家の方々もおられ、また、趣味として絵画や写真に取り組んでいる方もある。そうした会員の地域における文化活動がより活発になるとともに、会員相互の親睦をはかることを目的として、絵画部門と写真部門の作品展を開催した。

第一回は昭和五十七年三月五日(金)〜十日(水)の六日間で、会場は天満屋岡山店バスステーション二階シティーギャラリーに絵画五〇点、写真一四九点、合計一九九点を展示した。

第二回以降は毎年秋に、県内の百貨店を会場にして開催を続け、現在は初夏に天神山文化プラザで、出品部門も増やして開催している。

この作品展は、会員の親睦を目的としていることから、出品の条件として会員となる必要があるが、その趣旨をよくご理解いただき、文化財団発足から長く続いている行事の一つである。

(五) クラシックコンサートの開催

文化財団がクラシックコンサートの演奏会を開催する動機となったのは、昭和五十八年(一九八三)に、自分で演奏したいと希望する人たちが集まって、岡山交響楽団が結成されたことにある。

その岡山交響楽団の結成を岡山ロータリークラブが支援。そのクラブのメンバーであり、文化財団の理事で山陽新聞社社長松岡良明氏から、文化財団で岡山交響楽団の発展に協力はできないものかと問いかけがあった。

文化財団としては音楽を通じて地域文化の振興をはかるうえから、平素オーケストラの演奏を聞く機会のない地域で開催することで、楽団の出演回数が増え、楽団の演奏技術の向

岡山県郷土文化財団会員作品展（旧会場）

（現会場）

岡山県郷土文化財団クラシックコンサート

上がはかれると考えた。この演奏会を開催するに当たっての具体的な対策は、まず開催を希望する市町村と共催することとし、楽団の出演料と楽団員と楽器の輸送に要する経費は全て文化財団が負担し、会場の準備と会場使用料と広報に要する経費は開催を希望する地元市町村が負担して、楽団は現地に赴いて演奏することに専念してもらうという計画である。

楽団の賛同を得て、その手始めとしては岡山県内で昭和四十九年に結成され、すでに活動している倉敷管弦楽団の出演により、昭和五十九年六月に玉島文化センターで開催することができた。

タイトルは「岡山県郷土文化財団クラシックコンサート」として開催。続いて同年七月には高梁市民体育館でも、倉敷管弦楽団の出演で演奏会を開催することができた。このコンサートを始めるきっかけとなった岡山交響楽団の初出演は、昭和六十年二月の備前市民センターのコンサートである。同楽団発足以来、練習を積み重ねてきた成果を発表された。それ以来、両楽団による演奏会は、一年にそれぞれ一回ずつ開催されている。

最も遠距離での演奏会は、平成五年（一九九三）六月の岡山交響楽団の出演によるコンサートで、真庭郡川上村（現、真庭市蒜山）の川上小学校体育館での開催である。会場の前の方ではゴザを敷いて熱心に鑑賞される姿もあった。

また、平成十二年十月八日に高梁市の高梁総合文化会館での倉敷管弦楽団による演奏会では、作曲家で指揮者としても高名な団伊久磨氏がゲストとして迎えられ、倉敷管弦楽団の委嘱により作曲した「管弦楽のための高梁川」を、ご自身の指揮で演奏された。

(六) 後楽園で能をたのしむ会の開催

岡山では後楽園を築庭された池田綱政公が、園内に能舞台を設けて、自ら演じたことはよく知られている。以来池田家の歴代当主は能を愛好し、用いられた美しい能面をはじめ豪華な能装束は膨大な数で、現在は岡山市北区丸の内にある林原美術館に所蔵されている。

伝統ある地域文化の振興を目指す文化財団として、能の普及を提案されたのは平成四年(一九九二)当時の岡山県の荒木栄悦副知事である。後楽園の能舞台ではすでに各流派による能が演じられていたが、さらに普及をはかるためには、新しい試みが必要で、開演に当たり能に対するわかりやすい解説と優れた舞手の出演、そして地元で能を志す人の出演機会を増やし、鑑賞しやすい料金にする工夫が必要と考えた。

そこで岡山で能を熱心に指導されている観世流の準職分である藤井千鶴子氏にお願いしたところ、快く了承された。幸いなことに息女の芙紗子氏も能を志しており、さらに夫で

能をたのしむ会

おかやま文化フォーラム

ある京都府立大学助教授で、後に教授になられた山崎福之《やまざきよしゆき》氏は、日本の古典文学の研究者であることから、能に関する解説をお願いして開催することになった。

第一回の開催は平成四年十月三十日（土）で能「雲雀山《ひばりやま》」、狂言「盆山《ぼんさん》」、能「小鍛治《こかじ》」が観世流藤井千鶴子氏ほかの出演で披露された。

二回目は平成五年十月二十三日（土）に開催し、以後、今日まで原則として毎年十月第一土曜日に岡山後楽園の能舞台で開催してきた。

（七）おかやま文化フォーラム

①　第一回から第三回まで（岡山県主催で開催）

平成二十二年（二〇一〇）に国民文化祭が岡山県で開催されたことをきっかけに、岡山県文化振興課では文化的な気運を引き継ぐ催しとして文化的なフォーラムを企画したいが、文化財団の郷土文化講座の一つとしてできないか。このフォーラムの主催は同課が直接担当し、備前・備中・美作の三管内を廻る事業とすること、期間は特に設けておらず、できれば長く続けたい、という相談が平成二十三年一月にあった。

そこで、文化財団では、平成二十五年（二〇一三）は、美作国建国千三百年をした記念行事が計画中だから、それに準拠したフォーラムでどうか。古代吉備の研究には熱心なファンがいるので聴講者も多いはずである。郷土文化講座の枠では難しいが、文化財団が主催に入ることでフォーラムの成果を『岡山の自然と文化』に掲載すれば、その場限りの会にならず、会場に参加できなかった方々へのフォローにもなるという提案をした。

その後、歴史以外の文学、音楽、美術といった分野でも三管内を廻ることは可能ではないか。分野は別として、在京の著名な講師にお願いしてみるのも面白いのではないかなどの意見もあったが、最終的には岡山県の三管内を廻る共通のテーマとして古代吉備を選び、三年後の美作国建国千三百年の記念の年に津山市で開催することに決定した。

この会は、地元の歴史や今までの歴史観の見直し、現代を考えるような内容になること、学会のような難解な内容にならないことを目標にした。実施主体は岡山県と文化財団が主催、山陽新聞社が共催として開催された。

講師は、岡山大学文学部日本史研究室で古代吉備の研究状況を聞き、古代史を代表する方々をご紹介いただいた。

テーマに沿った基調講演は、第一回は奈良文化財研究所名誉研究員で岡山大学名誉教授の狩野久氏「見えてきた古代吉備の実像」、二回目は鈴木靖民横浜市歴史博物館館長

「東アジアの中の古代日本と吉備」、三回目は佐藤信東京大学大学院教授「美作国建国と律令国家」など文献史学の第一人者の先生方にお願いした。また、地元の研究者などに事例を報告していただき、基調講演の講師とともにディスカッションをするという構成となった。ディスカッションの司会やフォーラム全体のまとめは、民俗学者の神崎宣武氏にお願いした。

このフォーラムでは、狩野久氏がタイトルとした「見えてきた古代吉備の実像」から、それ以後も「実像」を探ることを一貫したテーマとした。

第一回は岡山県立美術館ホールが会場で、定員二百名のところ五百名を超える応募があり、二回以降は定員規模の大きい会場を選んだ。また、岡山県では第三回の美作国建国千三百年を記念した会で、県としての主催は一応の区切りとすることになった。

② 文化財団の主催として復活

岡山の歴史と文化の源流をより深く知ろうという趣旨で始めた「おかやま文化フォーラム」が古代だけで終了するのはもったいないという声もあり、平成二十六年からは文化財団が主催、岡山県が共催、山陽新聞社が後援となり再開することになった。

中世編の三回は、久野修義岡山大学大学院教授にコーディネーターをお願いし、岡山県立美術館ホールを会場に開催した。第一回は「今、中世の実像を求めて」と題した久野氏による基調講演に続き、平安時代末期から室町・戦国時代末期までの時代性や必ずしも血縁に頼らない人々のつながり方、荘園を中心とした社会構造のあり方などが話された。第二回では「今、中世の実像を求めて　信仰世界の『こころ』と『かたち』」と題して、京都学園大学教授で大阪大学名誉教授の平雅行氏による基調講演「中世仏教とその信仰」に続き、中世の人々や政治体制と仏教の関わり、まじないが生活に深く根付いていたことなどが紹介された。第三回は「今、中世の実像を求めて　時代の変革と地域」と題して、広島大学名誉教授の岸田裕之氏による「備作地域の戦国最末期史－『中国戦役』を考える－」の基調講演に続き、宇喜多直家の人物像を歴史資料から見直したり、県内に残る山城の調査結果が報告され、従来語られがちな覇権争いの展開ではなく、経済的視点を含めた領国経営と戦いという新たな視点からの話となった。現代の常識では計り知れない社会の様相を知ることは、現代においては異文化を理解する目を養うことにもつながるということをテーマに中世について学ぶ意義の再確認をした。

平成二十九年からは、倉地克直岡山大学特命教授にコーディネーターをお願いし、近世編を開催することになった。

（八）美術鑑賞会、特別解説会の開催

岡山に関わる展覧会の開催にあわせて、専門の学芸員や研究者から展示解説会を文化財団の主催で随時開催している。これは、各館でされる講演会や説明会とは別に、平日の比較的ゆっくり観覧できる日を選び、文化財団の会員をはじめ興味のある方を対象に特別に開催してもらっている。また、展覧会を鑑賞後は、関わりのある現地を視察にでかける現地研修会と組合わせて開催することもある。

三　出版物の発行

（一）郷土文化講座講演集の出版

郷土文化講座は先に述べたとおり、身近な自然や歴史・文化について学習し認識を深めるために、専門分野の講師による郷土文化講座を、昭和五十五年度から開始した。その講座に出席できなかった会員のために、貴重な講演の内容を『岡山の自然と文化　郷土文化講座から』と題した冊子にまとめて全会員に配布するとともに県内図書館など公的施設にも配布している。現在までに三六号まで出版配布し、この冊子の在庫分については、希望者に有料配布することにしている。

(二)『おかやまの和歌』の出版(昭和五十七年三月一日発行)

岡山県郷土文化財団が最初に出版した図書である。この図書の編纂は山陽学園短期大学教授の大岩徳二氏の労作で、岡山県内の地名が歌枕になった一三三ヵ所を詠んだ和歌三四八首を集大成したもので、現在は完売した。

岡山県は吉備の国として栄え、長い歴史の流れを経て今日がある。その歴史の中で上古から近世末期までの、県内名所を詠んだ和歌は、その土地の往時を物語る貴重な史料でもある。ここに納められた和歌には、『万葉集』や『古今和歌集』に載せられたものもあり、最も多いのは『大嘗会和歌集』からで、全和歌の四分の一を占めている。

(三)『犬養公之碑』の拓本出版(昭和五十七年四月十五日発行)

犬養毅(号、木堂)(一八五五〜一九三二)は、現在の岡山市北区川入で生まれた。その生家のほど近くに、犬養毅のお墓と子息で法務大臣を務めた犬養健のお墓が並んで立てられており、地元町内会の方々によって大切に守られている。そのお墓の入り口には堂々と

おかやまの和歌

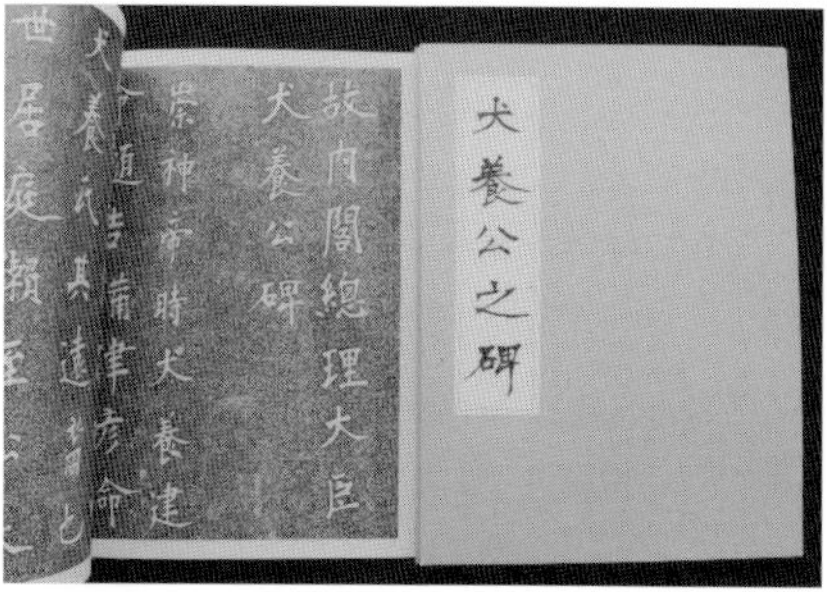

犬養公之碑の拓本

故内閣総理大臣犬養公之碑

した犬養毅の顕彰碑が建立されており、その碑文を拓本にとり、原寸大で印刷し、解説を付けて『犬養公之碑』として出版した。

この碑の撰文は松平康國、書は書家として高名な宮島詠士（大八）によるものである。宮島詠士は中国で書を学んでおり、この碑に刻字された楷書は傑作との評価が高く、書の学習としても活用されることを願い出版した。解説は当時の岡山大学文学部教授福田襄之介氏と同教授廣常人世氏、佐藤威夫氏によるものである。

（四）『岡山の町並み』の出版（昭和五十九年七月二十二日発行）

①　出版の趣旨

この写真集は、岡山県内の二三地域を選んで、県下各地で活躍するアマチュア写真家四九名の協力により撮影された膨大なフィルムの中から、岡山の写真家石津良介氏によって編集されたものである。出版の趣旨を、長野士郎文化財団理事長は、序文の中に次のように述べている。

「（前略）ふる里の町並みの現在の姿を写真によって記録し、後世に伝えることを思いたち、昭和五十七年から県下各地域の写真愛好家の協力を得て、ぼう大な写真資料を収集することができました。祖先が築き、くらし、私達を育んでくれたふる里の町には、懐かしい思い出とともに暖かいぬくもりを感じます。これらの町並みが何時までもそのままの姿であって欲しいという願いはありますが、ここにも現代の波は押し寄せ、次第に姿を変えようとしています。しかし、これに立ち向い、町並みを守っていこうとする運動も起こりつつあります。

こうした時にあたり、このたび撮影した写真資料の中から二百十点を選び、写真集「岡山の町並み」を発刊することにしました。

この写真集がひろく県民皆様の共感を呼び、かけがえのないふる里のよさが見なおされ、町並みの保存に役立つことができれば幸いです。」

編集を担当された石津良介氏は「写真制作の立場から」として次のような一文を寄せられた。

「(前略)この仕事のために費やされたフィルム量は、ゆうに千本を越え、コマ数にすれば三万七千枚はくだるまい。(中略)これらの映像記録は、これから十年経ち、五十年の歳月ののちには、岡山県の郷土の歴史の、かけがえのない証言者となるからだ。(中略)平素は写真をもっぱら趣味として楽しみ、光りや色や形の面白さ、美しさを追うことに馴れた、一般アマチュア写真家諸君が、チームワークという枠組みのなかで、写真本来の働きである記録性をもとに、伝統的な郷土の町並みと取り組んでの二年間である。」

① 収録した二三地域

下津井、由加、早島、天城、藤戸、西大寺、足守、庭瀬、真鍋島、矢掛、井原、伊部、香登、和気、福岡、牛窓、円城、大原、津山、勝山、北房、新庄、延助。

② 協力者（敬称略）

監　修　石津良介

撮影指導　石津良介、阪本一夫、中村昭夫

解　説　加原耕作、三好基之

撮　影　三好業昌ほか四八名

(五)『おかやまの味』の出版（昭和六十三年四月三十日発行）

岡山は自然環境に恵まれ、北には中国山脈がそびえ、南には穏やかな瀬戸内海に面し、その間にはなだらかな平野が広がり、それだけに山の幸、海の幸は豊かで、それぞれの土地で、伝統の郷土料理が数多く受け継がれている。そうした各地に伝わる古里の味を訪ねて、春夏秋冬に分けて一二〇品目を納めて『おかやまの味』を出版したものである。県下各地の郷土料理の収集は、岡山県職員の生活改良普及員の努力によるもので、料理の提供は、岡山県農山漁村生活改善実践グループ連絡協議会の協力によるものである。また、ここに収録した料理の写真は全て、岡山を代表する写真家中村昭夫氏が県下各地に足を運び、大型の写真機で一点一点丹念に撮影された。また、所々に挿入された岡山の美しい風景写真なども、中村氏の提供によるものである。この本の出版に当たっては、撮影に要する経費は全て岡山県が負担し、出版に要する経費は全て文化財団が負担して一万冊を印刷して頒布した。

㈥『備前國・備中國之内領内産物帳』復刻出版

全国諸領でその領内の『産物帳』が作成されたのは、八代将軍徳川吉宗の時代で、一七四〇年前後のことである。幕府は全国の各藩に、領内の動植物、鉱物、農作物などの種類や分布状況を詳しく調査して提出するように命じた。その膨大な量の『産物帳』は大部分の残存状況がわからない状況であったが、盛永俊太郎理学博士と安田健農学博士の長年の調査研究により次第に明らかとなり、昭和六十年（一九八〇）頃から『享保元文諸国産物帳集成』として結実しつつあり、岡山藩の『産物帳』はその第Ⅶ巻に部分的に収録された。

岡山の町並み

おかやまの味

領内産物帳

岡山藩の『産物帳』は、その下書きなどが岡山藩主池田家に伝えられ、現在は岡山大学附属図書館所蔵の池田家文庫に引き継がれており、当時の岡山藩の諸産物を知るうえで貴重な資料となっている。

文化財団では、この貴重な文化遺産を学術的研究の資料として、また、先人の遺業を偲ぶ博物誌として活用できればと考え、同図書館の格別の配慮により、その全貌を復刻することにした。

復刻版の『産物帳』は「本帳」と「絵図帳」二冊に分かれており、「本帳」には一八九五の産物の名称が記録されており、「絵図帳」には二八八の産物が原色で掲載されている。復刻するに当たっては「本帳」に記載された名称の下に標準和名の脚注を記し、「絵図帳」は原本を忠実に復刻できる特別な製版法により、元の彩色を再現し、七〇〇部の限定出版とした〈標準和名執筆者：難波早苗、武丸恒雄、大森長朗、井上立、佐藤国康、松村真作、弥益輝文、重井博（敬称略、順不同）解説・谷口澄夫〉。

（七）『犬養木堂書簡集』の出版（平成四年五月十五日発行）

「話せばわかる」の言葉を残して、昭和七年（一九三二）五月十五日に総理大臣官邸で凶弾に倒れた郷土の偉人、犬養毅（号・木堂）の遺徳を偲び、末永く顕彰するため、木堂がおりおりの思いを込めて知人や友人に書き送った書簡資料は、木堂の高邁な見識と人柄を偲ぶ何よりのよすがと考え、書簡資料を収集して、平成四年（一九九二）の没後六十年を記念して出版する計画を立てた。

書簡資料については、報道各社の協力を得て収集に努めた結果、千五百通を超える書簡資料を収集することができた。この書簡集は、かつて鷲尾義直氏が昭和十五年に編集出版した『犬養木堂書簡集』の復刻と、新たに収集した書簡資料の中から三〇〇通を選び「新編」として編集した。そして「復刻編」と「新編」の二冊をケースに収めて「犬養木堂書簡集」として出版した。

（八）岡山県「内田百閒文学賞」受賞作品集

平成元年（一九八九）が内田百閒の生誕百年に当たることを記念して、岡山にゆかりのある文学作品を募集する文学賞が創設された。第一回目は、岡山・吉備の国文学賞実行委員会と岡山県と文化財団の共催によるもので、平成二年（一九九〇）六月から「内田百閒生誕百年記念『岡山・吉備の国文学賞』」として、長編部門と短編部門と分けて募集を開始

犬養木堂書簡集

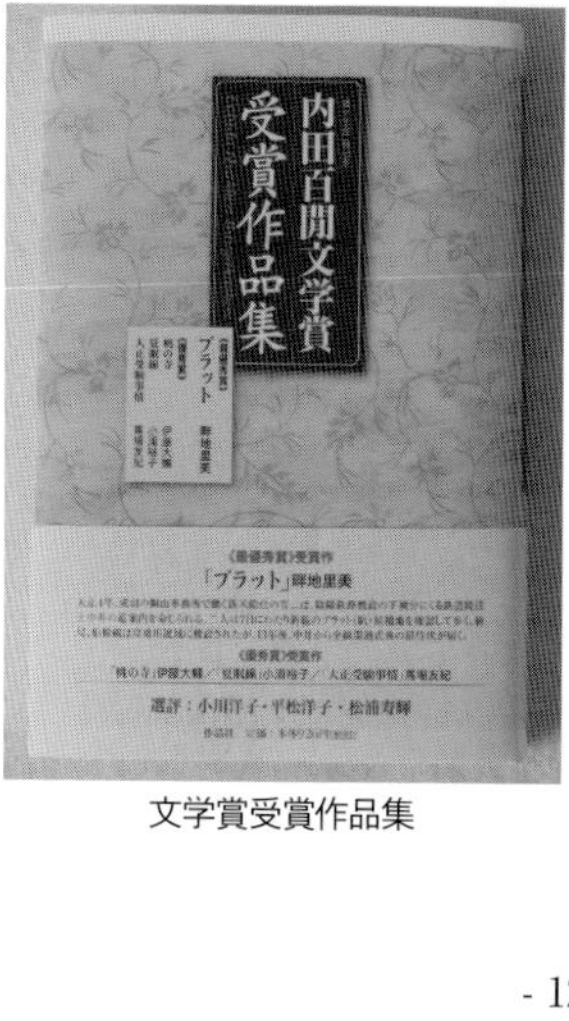

文学賞受賞作品集

文学賞長編

した。その受賞作品を、多くの方々に読んでもらいたいと願い出版したものである。

今は「岡山県『内田百閒文学賞』」として岡山にゆかりのある作品の募集を行い、受賞作品集として出版している。

① 長編部門（平成四年四月　㈱福武書店発行）
第一回の長編部門の最優秀作品に選ばれた『丘の雑草《あらくさ》たち』（森下陽）は福武書店（当時）から出版され、映画監督の山田洋次氏は本の帯に「すべてが規格化された、のっぺりした世の中にあって、森下君のこの作品のもつ、力強い本物の感動は、きっと多くの若者をひきつけるに違いない。」と推薦文を書かれた。第二回以降、募集方法に変化はあったが、入賞作品は受賞作品集として出版されている。

② 短編部門（平成三年六月　文化財団発行）
第一回の短編部門は、応募作品四三九編の中から、審査の結果最優秀賞に「黄色いコスモス」（草川八重子）が選ばれ、優秀賞に「木山捷平さんと備中」（栗谷川虹〈宇江誠〉）、佳作に「楷の木のように」（島崎聖子）と、「備中高松城水攻異聞」（脇本幸子〈内田幸子〉）が選ばれた。短編部門は文化財団が発行し頒布した。本書の巻末には審査員を務めた作家阿川弘之氏、作家瀬戸内寂聴氏、詩人飯島耕一氏、詩人永瀬清子氏の選評を掲載した。

③　岡山県「内田百閒文学賞」受賞作品集（受賞作が決定した翌年三月発行　㈱作品社）

第九回までは長編部門と短編部門と分けて募集していたが、第十回岡山県「内田百閒文学賞」からは短編のみを募集することになった。

そのため、受賞作品は一冊にまとめられ、『岡山県「内田百閒文学賞」受賞作品集』として発行することになった。第十回の受賞作品集は、平成二十三年三月に発行し、以後毎回発行している。

（九）『岡山後楽園史』（平成十三年三月三十一日発行）

岡山後楽園が築庭されて平成十二年（二〇〇〇）が三百年に当たることを記念する行事を岡山県が計画するに当たり、ハード事業とソフト事業が議題に上った。そのソフト事業として決定されたのが、正史となる『岡山後楽園史』の編纂である。

編纂委員会の設立総会で「後楽園史編纂要綱」が定められ、その中で編纂業務を文化財団に委託することが決定した。同委員会の委員長には谷口澄夫岡山大学名誉教授が就任された。編纂委員会の設立総会終了後、編纂委員会と同様に、実際に史料を精査して文章を書く、編集委員会の委員を岡山県知事が委嘱。

その編集委員会の委員長も谷口澄夫氏が就任し、副委員長には柴田一氏が選ばれた。選ばれた委員は次のとおりである。（敬称略、順不同）

谷口澄夫、柴田 一、畔柳 鎮、倉地克直、神原邦男、臼井洋輔、加原耕作、山本利幸、

高山雅之、人見彰彦

編集委員会では、神原邦男就実大学文学部教授（当時）が、岡山大学附属図書館池田家文庫の『御後園諸事留帳』を翻刻・研究されており、かつて精査されたことのなかった史料から江戸時代の後楽園の実態が生き生きと描き出されることが報告された。また、岡山藩の『留帳』、家臣団の「奉公書」、明治以後の池田家の人々の書簡など多岐にわたる古文書や各委員の専門分野からの知見で園史は書き進められた。

文化財団では、各委員から請求のあった池田家文庫の史料を複写して準備するとともに、明治十二年（一八七九）創刊の山陽新報（現、山陽新聞）を後楽園をキーワードに精査し、郷土資料を収集・研究されている渡辺泰多氏、山上祐司氏の協力で明治以後の郷土誌や絵葉書を調査・収集し、各委員に情報を提供した。

さらに、岡山後楽園所蔵の築庭当時の様子が描かれた「御茶屋御絵図」を史料として活用することになった。この絵図は東西二枚を合わせると約五メートル×四・五メートルある巨大なもの

岡山後楽園史

で、詳細に写真撮影してデジタル処理して、記載されている細かい文字も解読できるデータを作成した。また、池田家文庫でも築庭三百年を記念して後楽園関係の絵図を再整理され、後楽園築庭直前期の絵図や明和八年（一七七二）の絵図などが公開された。

こうした歴史資料から新たにわかった史実も多く、さらに、「流店の曲水の宴」「廉池軒の砥石の橋」などは大正時代に入ってからの観光案内で言われ始めたことで根拠がないことなどが明確となり、編集には苦心が重ねられた。

編集半ばまで来た頃、谷口澄夫氏の訃報が伝えられ、副委員長の柴田一氏が委員長代理となった。各委員が執筆された原稿と、築庭当時の絵図や近代の資料から新たにわかった結果も加えると、編集全体の調整が必要となった。

そのような時に柴田一氏は編集を委託された文化財団が、編集者としての裁量で進めなければ前に進まないと言われた。そこからは文化財団で絵図の解読、近代資料の収集に当たり、編集実務を担当した万城あき研究員が、調整の役を円滑に進め、『岡山後楽園史』は無事出版の運びとなった。

形　態

「通史編」、「通史編総目次」、「資料編」

「絵図編」
1. 御茶屋御絵図（享保元年（一七一六）頃）岡山後楽園所蔵
2. 御後園絵図（明和八年（一七七一））池田家文庫所蔵
3. 御後園絵図（文久三年（一八六三））池田家文庫所蔵
4. 備前国岡山後楽園真景図（明治十六年（一八八三））池田家文庫所蔵

企　画　岡山県
編　集　後楽園史編纂委員会

(十) 自然・文化財および人物シリーズのビデオ・ＤＶＤの制作頒布
岡山県内の美しい自然や貴重な文化財をはじめ、岡山ゆかりの先人を顕彰するために、視聴覚を通じて広く紹介することを目的として、ビデオシリーズの制作を始めた。
① 自然・文化財シリーズ（制作順）
特別名勝 後楽園、岡山県立 森林公園、倉敷の町屋
港町 下津井、銅とベンガラの町 吹屋、加茂大祭
城下町 津山、吉川八幡宮 当番祭、備中町 渡り拍子
布施神社 お田植祭、備中国分寺 五重塔、牛窓、阿波八幡神社 花祭り

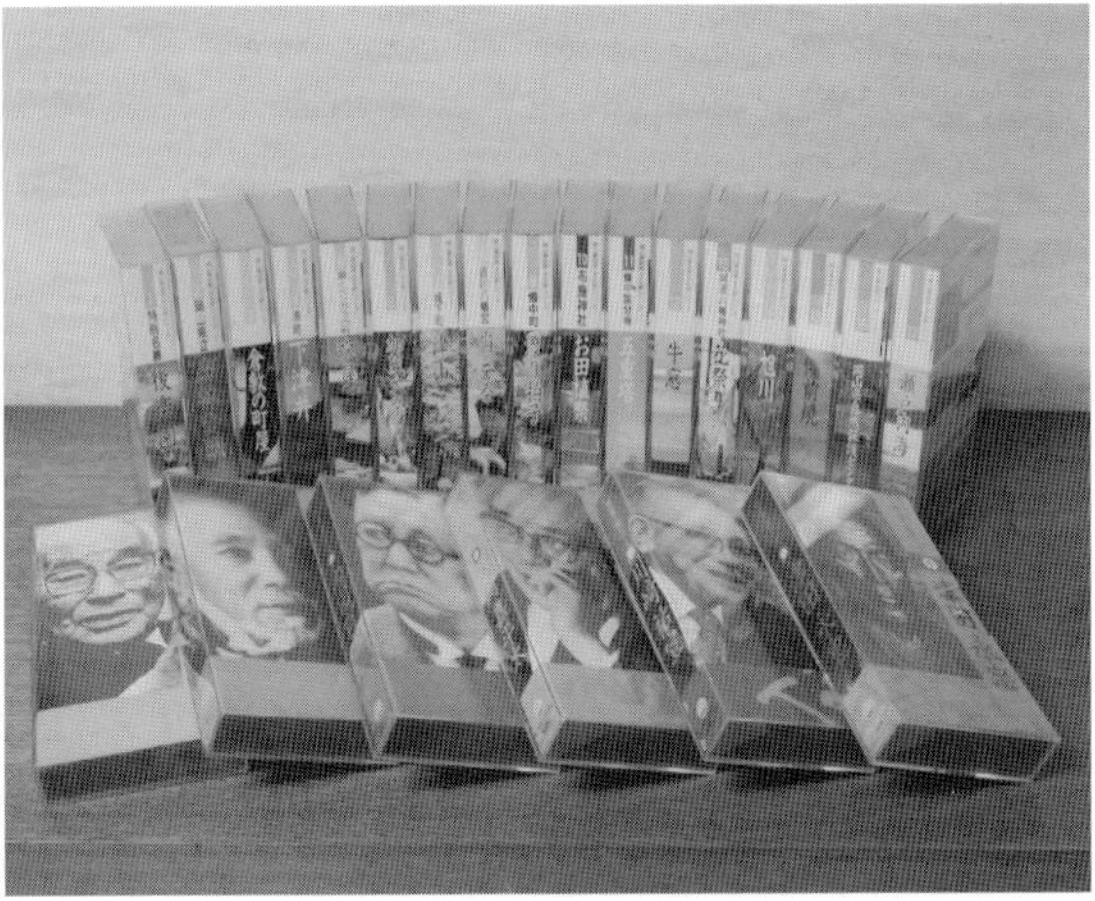

ビデオ

DVDとビデオ

旭川、備前焼、岡山県自然保護センター、瀬戸内海

② 人物シリーズ（制作順）

土光敏夫、犬養木堂、内田百閒、岡崎嘉平太、川崎祐宣、津田永忠

③ DVD化と改訂

『岡山後楽園史』の編纂で明らかになった史実をもとに、平成十九年（二〇〇七）に「特別名勝 後楽園」の画像はそのままでナレーションを改訂し、合わせてDVDを制作した。平成二十二年には、VHSビデオよりDVDが普及してきたことに合わせ、DVD化を検討した。要点は次のとおりである。

・画像は制作当時の様子を伝えるためそのままとし、大幅な改訂はしない。
・DVD化に合わせて改訂したことがわかるよう本編最初に原作の制作年を入れる。
・必要に応じて焼き込みの文字の訂正をする。
・地名、職名、人物の物故などに変化があっても制作当時のままとする。
・著作権などのクリアが可能な作品を対象とする。

DVD化した作品

特別名勝 後楽園、加茂大祭、吉川八幡宮 当番祭、備中町 渡り拍子、

布施神社 お田植祭、阿波八幡神社 花祭り、
犬養木堂、内田百閒、岡崎嘉平太、津田永忠

第五章　受託事業について

一　県民愛唱歌「みんなのこころに」の選定、普及

文化財団では、誰でも、どこでも、気軽に口ずさめるような県民の愛唱歌を作り普及するようにとの、岡山県からの委託を受けて、広く歌詞を募集した。昭和五十五年（一九八〇）九月三十日の締切までに、一一五人から一五八点の歌詞が寄せられた。

応募作品の中から岡山県民の歌歌詞審査会（山本遺太郎氏ほか一一名）で審査の結果、大阪府在住（赤磐郡山陽町出身：現、赤磐市）の山本恵三子氏の作品「みんなのこころに」を採用することに決定した。

作曲はメロディのきれいな作曲家の小林亜星氏にお願いすることになった。また、歌手については、今人気のある歌手にとの話もあったが、末永く多くの方々に親しんでもらうことを考えると、安定した歌唱力があり、美しい声の由紀さおり氏が最適であると意見が一致し由紀さおり氏に依頼した。どちらも快く引き受けていただいた。

昭和五十七年（一九八二）七月九日、新しく制定された岡山県民愛唱歌「みんなのこころに」の発表会を岡山県と共催で開催した。会場は岡山市民会館大ホールで、作曲者の小林亜星氏と歌唱者由紀さおり氏を迎えて盛大に行われた。

会では小林亜星氏の「岡山県民愛唱歌〝みんなのこころに〟を作曲して」と題した講演や、由紀さおり氏による歌唱指導をはじめ、アトラクションとして楽団演奏も行われた。

県民愛唱歌として制定された「みんなのこころに」の普及を図るために、レコードとカセットテープを製作し有料で頒布することにした。また、楽譜も独唱用と混声合唱用と女声合唱用の三種類を印刷して、希望者や希望する合唱団に配布した。さらに運動会などでの活用、普及を図るために、編曲者松山祐士氏に依頼して並足行進曲と駆け足行進曲に編曲し、これもカセットテープに入れて頒布した。現在は、ＣＤのみの販売となっている。

二　岡山後楽園の運営管理（岡山市北区後楽園）

（一）後楽園運営管理

岡山後楽園は岡山県土木部都市計画課の所管で、出先事務所である岡山県後楽園事務所が管理運営を行っている。昭和五十七年（一九八二）当時、こうした県の出先事務所の業務を民間委託にすることが、時の流れとして進められていた。そうした時に岡山後楽園の業務の一部を文化財団に民間委託することが決まり、平成五十七年四月一日に後楽園の窓

「みんなのこころに」
発表会パンフレットとレコード

「みんなのこころに」CD

岡山後楽園

口業務などを担当する文化財団職員を採用して、後楽園業務を行うことになった。

平成十年度（一九九八）からは全面委託となり、業務の全てを行うこととなったが、平成十五年度から再度部分委託となり、現在まで続いている。

全面委託後の平成十二年には築庭三百年の区切りの年を迎え、その前年度から「おかやま後楽園300年祭」としてさまざまな催しが行われた。それを契機にそれまでの「茶つみ祭」「お田植え祭」「名月観賞会」などの年中行事に加え、夜間特別開園「幻想庭園」や「初春祭」などの新しい行事も実施されるようになり、いくつかの行事は現在も継続されている。部分委託に戻った後も、近年では岡山県の観光の顔として、新しい魅力発信が求められ、多種多様なチケットの取り扱いや電子マネーでの対応、夜間の建物特別貸し出し、延養亭の特別公開、園内建物の一般公開や体験型イベントの実施、タンチョウの園内散策など、多様化するニーズに対し、文化財団の役割も大きくなっている。

（二）後楽塾、キラリ応援隊

『岡山後楽園史』により明らかとなった史実にもとづくガイドを養成するため、岡山県後楽園事務所と協議し、平成十七年（二〇〇五）に「後楽園専任ボランティアガイド後楽塾」

を立ち上げることになり、文化財団に運営が委託された。「後楽塾」では園内ガイドだけでなく、後楽園の年中行事への参加などを通じて後楽園の歴史や文化に深く親しみ、また、塾生自身が後楽園のファンとなり、多くの方に魅力を発信してもらうことを目的としている。

後楽塾は二年間を塾生としての活動期間とし、その締めくくりとして塾や日々の活動を通じて学んだことをまとめ、卒塾の記念企画を開催している。卒塾後、希望者にはキラリ応援隊のガイド部門に登録してもらい、園内ガイドのほか卒塾企画で作成された催しを公開していただいている。

平成十九年三月に任期を終えた一期生三四名は、同年三月二日の後楽園開園記念日に卒塾企画として、神原邦男就実大学教授の講座、池田斉敏の実祖父島津斉宣を迎えた時のお庭巡りのルートでガイド案内、延養亭前庭をはじめ茂松庵、廉池軒などを公開し、スタンプラリーも実施するなど盛りだくさんの企画で開催した。二期生は、オリジナル紙芝居を作成し、今も「お庭そだち一座」として、毎月第二月曜日に公開している。その後も、「御茶屋御絵図」を使ったガイド、明治以後のことをまとめた発表会形式の企画、後楽園の建物を公開し、建物の説明と座敷からの景色を眺める企画などが考案され、今も企画した期生の人々を中心に活動が続けられ、好評を得ている。

三　岡山県自然保護センターの運営管理（タンチョウの飼育）（和気郡和気町田賀）

身近な自然に親しみながら生きものや自然の仕組みを学び、自然を大切にする心を育むための拠点施設として整備され、平成三年（一九九一）十一月十六日に開所した。

二つの池を中心に、アカマツ林や雑木林を主体とし、岡山の里山を保全している百《ヘクタール》のフィールドでは、一年を通じて自然観察会や研修会が開かれている。また、タンチョウの飼育、自然に関する調査・研究、ボランティアや指導者の育成も進められている。

文化財団では開所以来、管理・運営業務の一部を県から受託していたが、平成十年度から全面委託となり、業務の全てを行うこととなった。

平成十四年の開所十周年の記念行事では、式典と俳優の柳生博氏による講演会「キーワードは里山です」、佐伯タンチョウフェスタなどが開催された。また、センターで見られる生きものをまとめた『四季のアルバム』も発刊された。

その後、平成十九年度に導入された指定管理制度により、（公財）岡山県環境保全事業団が管理者となり、動植物担当者及び管理担当者を文化財団から同事業団へ派遣することになった。しかし、タンチョウの飼育及び傷病鳥獣保護については、経験と特殊技術が必要

センター棟

センター展示室全景

タンチョウ飼育棟

とされるため、文化財団に再委託となった。現在、飼育下におけるタンチョウの数は、後楽園などと合わせると、岡山県が全国で一番となっている。

なお、平成三年の開所当時から掲げられている「自然保護センターの御案内」には、当時の長野士郎岡山県知事の思いが次のように書かれている。

「空気や水、緑の樹々や鳥の声など、自然が私たちに与えてくれる恩恵ははかり知れません。しかし、時の流れとともに生活様式は大きくかわり、私たちが身近に自然に触れる機会は、しだいに少なくなってきています。自然の大切さをかえりみない豊かさや便利さの追求は、地球の未来に大きな不安をいだかせています。私たちは、今こそ身のまわりの自然を見直し、人間活動が自然環境に及ぼす影響について考え、生態系の正しい理解のもとに、他の生き物と共存の道を採らなければなりません。（後略）」

四　犬養木堂生家と記念館の運営管理（岡山市北区川入）

憲政の神様とも称せられる郷土出身の政治家犬養毅（号、木堂）は、岡山市北区川入に生まれ、その生家は犬養家から昭和五十一年（一九七六）十二月に岡山県に寄贈された。生家は、江戸時代の庄屋の建物で、主屋と土蔵は昭和五十三年一月に国の重要文化財に指定され、同五十四年には、㈱大本組により無償で解体修理が完了した。犬養家からは、木堂ゆかりの品々も寄託されたため、土蔵を活用し、木堂資料館を開設するとともに、生家を広く一般公開することになり、文化財団が管理を任された。昭和五十六年には、納屋部分の復元工事が完了し、「木堂塾」と名付けられ、文化活動の場として活用されることになった。

文化財団では、昭和五十四年十一月に発足して間もなくの最初の仕事として、政治家として偉大な足跡を残した犬養木堂の遺徳を偲ぶ「犬養木堂展」を同年十二月に、天満屋岡山店バスステーションのシティーギャラリーで開催した。

また、県では生家内の展示では貴重な品々を展示するには不十分と考え、新たに生家に隣接した土地を購入して「犬養木堂記念館」を計画し、平成五年（一九九三）十月十三日、開館記念式が行われた。当日は晴天に恵まれ、長野士郎岡山県知事、犬養木堂の孫である共同通信社社長犬養康彦氏ほかゆかりの方々が出席された。この記念館の運営も、生家とともに文化財団に委託された。

平成十九年度に導入された指定管理制度により、文化財団が管理者となり、今にいたっている。

五　岡崎嘉平太記念館の開設と運営管理（加賀郡吉備中央町）

日本と中国の国交回復に尽力したほか、全日空の経営、貯蓄増強運動など、多岐にわたり戦後の日本に貢献してきた岡山県名誉県民岡崎嘉平太氏（一八九七〜一九八九）は、岡山県吉備郡賀陽町（現、加賀郡吉備中央町）の出身である。

岡崎嘉平太夫人の時子氏とご子息岡崎彬氏から、平成五年（一九九三）十月以降数回にわたりゆかりの品が寄贈されたことから、その業績を讃えようと、岡山県では記念館の開設を進めることになった。

寄贈の品々は周恩来首相をはじめ、中国の要人との親密な交友を示す貴重な写真や記念の品々などで、文化財団では岡崎嘉平太追想展を、平成七年九月に天満屋岡山店で開催した。

その後、岡崎嘉平太記念館建設委員会（委員長：長野士郎岡山県知事）が平成八年九月に発足し、建設場所の選定が始められた。建設場所は出身地の賀陽町内で調査が続けられたが適地が見つからず、決定が迫られる中、平成十二年七月に最終決定を目指して現地調査を行い、吉備プラザの西数百メートルの場所にある松林の中が適当という見解が出された。しかし、会議途中の休憩時間に、委員長の長野士郎県知事と佐々木勝美山陽新聞社長が、吉

犬養毅 (木堂)

犬養木堂生家

犬養木堂記念館

岡崎嘉平太

岡崎嘉平太記念館

備プラザ内の部屋で懇談され、部屋から出てこられた長野士郎県知事が「佐々木社長から珍案が出た」と笑顔で話された。それは、「この吉備高原都市の中心施設である吉備プラザには空いた部屋が相当あるので、その部屋を使って記念館を開設すれば、すぐにでも開館できるのではないか」という話である。この話に建設委員会一同が賛成し急転直下、記念館開設場所が現在の位置に決まった。開設準備は着々と進み、平成十三年八月二十三日に開館し、記念館の運営は文化財団に委託された。

平成十九年度に導入された指定管理制度により、文化財団が管理者となり、今にいたっている。

六　岡山県「内田百閒文学賞」の運営

同文学賞は、平成元年（一九八九）に内田百閒の生誕百年を記念して創設され、平成二年六月から岡山ゆかりの作品の募集を開始した。岡山県公聴広報課が所管し、運営は文化財団に委託された。同文学賞では、

文学に詳しい有識者による運営委員会を開き、そこで出された意見をもとに運営している。特に、この文学賞の創設当初から福武書店（当時）の事業本部長寺田博氏には、広報から審査まで全てにわたりご尽力いただき、この賞が全国展開できる素地をつくっていただいた。

第五回までは「岡山・吉備の国文学賞」としての募集であったが、より文学性の高い作品の応募を呼びかけるためにも内田百閒の名を冠したほうがいいという意見が出始め、内田百閒の遺品を多数保存し、日頃からつながりの深い文化財団から内田家に打診したところ、長年の実績から内田百閒の名を冠することが承諾された。第六回からは、岡山・吉備の国「内田百閒文学賞」として募集することになった。

平成二十年に所管課が岡山県文化振興課となり、第十回からは、岡山県「内田百閒文学賞」として再開され、現在にいたっている。第十四回の最終審査員は、作家の小川洋子氏、平松洋子氏、松浦寿輝氏である。

同文学賞の授賞式では、岡山県知事から表彰状や副賞などが授与され、最終審査員による講評がある。また、平成二十三年以後は、最終審査員と受賞者との座談会があり、作品をめぐる苦労話や工夫のしどころなどが和やかな雰囲気の中で話され、回を重ねるごとに文学に興味のある人々の受講が増えている。

おわりに

岡山県郷土文化財団が、昭和五十四年（一九七九）十一月に発足して間もなく四十周年を迎えようとしている時に、日本文教出版株式会社のご好意により、文化財団と私の共著により、岡山文庫に『岡山県郷土文化財団の歩み』を書き残すことができたことを感謝している。

思い返すと、昭和五十六年四月に岡山県自治研修所に勤務していた私が、岡山県企画部勤務を長野士郎岡山県知事から命ぜられ、発足間もない文化財団の仕事を担当することになった。なぜ私が選ばれたのかはわからないが、三木行治岡山県知事の秘書係をしていた当時に、三木知事念願の郷土の詩人有本芳水の詩碑を、岡山後楽園外園に建立するにあたり、建立委員長を谷口久吉山陽放送社長にお願いして建立募金を集め、高名な建築家前川國男氏に設計をお願いして、昭和三十六年春に除幕式を行うことができたこととか、ウィーン少年合唱団の美しい歌声を聞かれた三木知事が、岡山にも少年合唱団を作ろうと提案され、桃太郎少年合唱団創立の実務を担当したことなどが要因かと思われる。

今までに例のない仕事で、当初は何を企画し、いかに進めるべきか悩みは尽きなかったが、長野士郎岡山県知事の指示を受けながら、文化財団の仕事を三十年間にわたり担当させていただき、多くの方々と出会い、教えを受けながら職員とともにさまざまな経験を積み、事業を手がけることができたことは、今にして思えば真に幸いなことであった。

文化財団の事業は多岐にわたっており、それぞれ成果をあげることができたのは、財団の発足にあたり、基本財産に出捐された各市町村をはじめ、岡山県ゆかりの企業の方々のご理解とご協力によるもので、心から感謝するばかりである。それとともに文化財団の会員として、長年にわたり支援くだされた方々に衷心よりお礼を申し上げたい。

また、計画したさまざまな事業を円滑に推進することができたのは、豊かな経験をもつ、有能な女子職員各位の尽力によるもので、共に仕事に取り組めたことを喜び、感謝の意を表したい。また、私の退任後、文化財団を引き続き発展させてきた諸兄諸氏の努力にも敬意を表したい。

文化財団の歩みを書くにあたり、公式なことはインターネットで検索できるが、表には出ていない、こぼれ話を中心にして書き留めておきたいと考えて筆を進めたが、もし失礼なことがあれば、何卒ご寛容くださるようお願いしたい。また、文化財団の情報の整理、近年の事項の執筆、写真提供では文化財団主任研究員万城あき氏をはじめとする文化財団の方々にご尽力いただいた。

本書を書き終えるにあたり、今までお力添えくださった方々をはじめ、故人となられた各位のご冥福をお祈りするとともに、感謝の念をこめて本書を捧げたい。

高山　雅之

高山雅之（たかやま・まさし）
昭和22年岡山県庁勤務、昭和49年～昭和58年岡山県医務課長、津山地方振興局次長、県民生活部次長、自治研修所長、企画部参与を歴任し退職。昭和58年～平成22年（財）岡山県郷土文化財団事務局長、常務理事、顧問、参与を歴任し退職。平成16年～現在学校法人順正学園監事。平成19年山陽新聞賞（文化功労）受賞。
現職＝山陽放送番組審議会委員、（一財）桃太郎少年合唱団理事長、郷原漆器生産振興会会長。

公益財団法人 岡山県郷土文化財団
昭和54年（1979）11月、岡山県下に所在する優れた自然や文化的遺産の保護・保存及び管理とその利用の促進を図るとともに、岡山県ゆかりの先賢の顕彰並びに伝統に根ざした地域文化の創造を行うことにより「うるおい」と「やすらぎ」のある郷土づくりに寄与することを目的に設立。会員制もあり、岡山の自然と文化についての情報を発信している。
現住所　岡山市北区表町1-7-15 702号
電　話　086-233-2505

岡山文庫　307　岡山県郷土文化財団の歩み

平成29年10月20日　初版発行

著　者　高　山　雅　之
編　者　岡山県郷土文化財団
編　集　石井編集事務所書肆亥工房
発行者　塩　見　千　秋
印刷所　株式会社二鶴堂

発行所　岡山市北区伊島町一丁目4-23　日本文教出版株式会社
電話岡山(086)252-3175㈹　振替01210-5-4180(〒700-0016)
http://www.n-bun.com/

ISBN978-4-8212-5307-4　

● 岡山県の百科事典

二百万人の

岡山文庫

○数字は品切れ

1. 岡山の植物・西原礼之助
2. 岡山の祭と踊・神野 力
(3.) 岡山の焼物・桂 又三郎
(4.) 岡山の古墳・鎌木義昌
5. 岡山の民家・鶴藤鹿忠
6. 岡山の文学碑・山本遺太郎
7. 岡山の仏たち・脇田秀太郎
8. 岡山の動物・松本邦夫
9. 岡山の鳥・杉 鮫太郎
10. 大原美術館・藤田慎一郎
11. 岡山後楽園・宗定克則 杉鮫太郎
12. 岡山歳時記・吉岡三平
13. 岡山の建築・巌津政右衛門
14. 瀬戸内海・緑川洋一
15. 岡山の民芸・外村吉之介
(16.) 吉備路・神野 力
17. 岡山の魚・青木五郎
18. 岡山の昆虫・倉敷昆虫同好会
19. 岡山の城と城址・藤井 駿 市川俊介
(20.) 岡山の果物・三宅忠一
21. 岡山の風物・岡山県広報協会
22. 吉備の女性・吉岡三平
(23.) 岡山の伝説・立石憲利
24. 岡山の酒・小出 巌 西原礼之助
(25.) 岡山の街道・山陽新聞社
26. 岡山の絵画・脇田秀太郎 巌津政右衛門
(27.) 水島臨海工業地帯・平方与平
28. 岡山の旅・岡山県観光連盟
29. 蒜山高原・二若・富国・徳山
30. 岡山の歌謡・英 玲二
(31.) 岡山の遺跡めぐり・間壁忠彦・葭子
(32.) 備前焼・小山冨士夫 藤原 雄 中村 昭夫
33. 岡山文学風土記・大岩徳二
34. 美作路・小山健三
35. 岡山の俳句・塩尻青笳 島津青沙
36. 岡山音楽夜話・保田太郎
37. 閑谷学校・巌津政右衛門 坂本一夫
38. 岡山の川柳・弓削川柳社
39. 岡山の民話・岡山民話の会
(40.) 岡山の刀剣・小林種次
41. 岡山の短歌・杉 鮫太郎 藤原幾太郎
42. 岡山の医学・中山 沃
43. 岡山の藺草・鈴木尚夫 中村昭夫
(44.) 岡山の人物・黒崎秀明
(45.) 岡山の駅・難波数丸
46. 岡山の現代詩・坂本明子
47. 岡山の交通・藤沢 晋
(48.) 岡山の教育・秋山和夫
(49.) 備中神楽・山根堅一 坂本一夫
50. 岡山の民具・鶴藤鹿忠
(51.) 岡山の宗教・長光徳和
52. 吉備津神社・藤井 駿 坂本一夫
53. 岡山の貨幣・原 三正
(54.) 岡山の古戦場・多和和彦
55. 岡山の石造美術・巌津政右衛門
(56.) 岡山の方言・十河直樹
57. 岡山の歴史・柴田 一
58. 岡山事物起源・吉岡三平
(59.) 高梁川・宗田克巳
(60.) 岡山の干拓・吉岡三平 進 昌三
61. 岡山の電信電話・萩野 秀
62. 吉備高原・宗田克巳
63. 岡山のおもちゃ・吉永義光
64. 吉井川・宗田克巳
65. 岡山の港・巌津政右衛門
66. 岡山の絵馬と扁額・脇田秀太郎
(67.) 旭川・宗田克巳
68. 岡山の温泉・石井 猛 圓堂 稔
69. 岡山の県政史・蓬郷 巌
70. 岡山の道しるべ・巌津政右衛門
71. 岡山の笑い話・稲田浩二・和子
72. 美作の歌舞伎芝居・二宮朔山
(73.) 岡山の民間信仰・三浦秀宥
(74.) 岡山の奇人変人・蓬郷 巌
75. 岡山の食習俗・鶴藤鹿忠
76. 岡山の明治洋風建築・中力 昭
77. 山陽路の地理散歩・宗田克巳
(78.) 岡山の風俗・蓬郷 巌
79. 岡山の海藻・大森長朗
(80.) 岡山の書・佐藤英夫
81. 岡山浮世噺・岡 長平
82. 岡山の神社仏閣・市川俊介
83. 中国山地・三浦秀宥 竹内平吉郎
84. 岡山の島・巌津政右衛門
85. 岡山の山と峠・宗田克巳
86. 吉備の石ぶみ・井上雄風
(87.) 岡山の怪談・佐藤米司
88. 岡山の自然公園・山陽カメラクラブ
89. 岡山の漁業・西川 太
90. 岡山の天文気象・石田五郎 佐橋 謙
91. 岡山の郵便・萩野 秀
(92.) 岡山の鉱物・沼野忠之
93. 岡山のふるさと村・巌津政右衛門
94. 岡山の経済散歩・吉永義光
95. 岡山の庭・山本利幸 前田勝也
96. 岡山の匠・浅原 健
97. 岡山の童うたと遊び・立石憲利
98. 岡山の衣服・福尾美夜
99. 岡山の民俗・土井卓治 佐藤米司 鶴藤鹿忠
(100.) 岡山の樹木・西原礼之助 古屋野寛

201. 総社の散策・神野 力 葛原克人 加藤信二
202. 岡山の路面電車・楢原雄一
203. 岡山ふだんの食事・鶴藤鹿忠
204. 岡山のふるさと市・倉敷ぶんか倶楽部
205. 岡山の流れ橋・渡邉隆男
206. 岡山の河川拓本散策・坂本亜紀児
207. 備前を歩く・前川 満
208. 岡山言葉の地図・今石元久
209. 岡山の和菓子・太郎良裕子
210. 吉備真備の世界・中山 薫
211. 柵原散策・片山 薫
212. 岡山の岩石・野瀬重人 沼野忠之
213. 岡山の能・狂言・金関 猛
214. 岡山の鏝絵・赤松壽郎
215. 山田方谷の世界・朝森 要
216. 岡山おもしろウオッチング・おかやま路上観察学会
217. 岡山の通過儀礼・鶴藤鹿忠
218. 日生を歩く・前川 満
219. 備北・美作地域の寺・川端定三郎
220. 岡山の親柱と高欄・渡邉隆男
221. 西東三鬼の世界・小見山 輝
222. 岡山の花粉症・三好・難波・岡 岡野・山本
223. 操山を歩く・谷淵陽一
224. おかやま山陽道の拓本散策・坂本亜紀児
225. 霊山熊山・仙田 実
226. 岡山の正月儀礼・鶴藤鹿忠
227. 原子物理学の父 仁科芳雄・井上 泉 イシイ省三
228. 赤松月船の世界・定金恒次
229. 邑久を歩く・前川 満
230. 岡山の宝箱・臼井洋輔 臼井隆子
231. 平賀元義を歩く・渡部秀人 竹内佑宜
232. 岡山の中学校運動場・奥田澄二
233. おかやまの桃太郎・市川俊介
234. 岡山のイコン・植田心壮
235. 神島八十八ヶ所・坂本亜紀児
236. 倉敷ぶらり散策・倉敷ぶんか倶楽部
237. 作州津山 維新事情・竹内佑宜
238. 坂田一男と素描・妹尾克己 イシイ省三
239. 岡山の作物文化誌・臼井英治
240. 児島八十八ヶ所霊場巡り・倉敷ぶんか倶楽部
241. 岡山の花ごよみ・前川 満
242. 英語の達人・本田増次郎・小原 孝
243. 城下町勝山ぶらり散策・橋本惣司 倉敷ぶんか倶楽部
244. 高梁の散策・朝森 要
245. 薄田泣菫の世界・黒田えみ
246. 岡山の動物昔話・立石憲利 江草昭治
247. 岡山の木造校舎・河原 馨
248. 玉島界隈ぶらり散策・小野敏也 倉敷ぶんか倶楽部
249. 岡山の石橋・北脇義友
250. 哲西の先覚者・加藤章三
251. 作州画人伝・竹内佑宜
252. 笠岡諸島ぶらり散策・NPO法人 かさおか島づくり海社
253. 磯崎眠亀と錦莞莚・吉原 睦
254. 岡山の考現学・おかやま路上観察学会
255. 「備中吹屋」を歩く・前川 満
256. 上道郡沖新田・安倉清博
257. 続・岡山の作物文化誌・臼井英治
258. 土光敏夫の世界・猪木正実
259. 吉備のたたら・岡山地名研究会
260. いろはで綴る ボクの子供事典・赤枝郁郎
261. 民話の里 鏡野町伝説紀行・立石憲利 片田知宏
262. 笠岡界隈ぶらり散策・ぶらり笠岡友の会
263. つやま自然のふしぎ館・森本信一
264. 岡山の山野草と野生ラン・小林克己
265. 文化探検 岡山の甲冑・臼井洋輔
266. ママカリ ヒラに まったりサーラ・窪田清一
267. 岡山の駅舎・河原 馨
268. 守分 十の世界・猪木正実
269. 備中売薬・土岐隆信 木下 浩
270. 倉敷市立美術館・倉敷市立美術館
271. 津田永忠の新田開発の心・柴田 一
272. 岡山ぶらりスケッチ紀行・南 一平 網本善光
273. 倉敷美観地区 歴史と民俗・吉原 睦
274. 森田思軒の世界・倉敷ぶんか倶楽部
275. 三木行治の世界・猪木正実
276. 岡山路面電車各駅街歩き・倉敷ぶんか倶楽部
277. 赤磐きらり散策・高畑富子
278. 岡山民俗館 民具一〇〇選・岡山民俗学会
279. 笠岡市立竹喬美術館・笠岡市立竹喬美術館
280. 岡山の夏目金之助(漱石)・横山俊之 熊代正英
281. 吉備の中山を歩く・熊代哲士 熊代建治
282. 備前刀 日本刀の王者・佐藤 寛介 植野哲也
283. 繊維王国おかやま今昔・猪木正実
284. 温羅伝説・中山 薫
285. 現代の歌聖 清水比庵・笠岡市立竹喬美術館
286. 鴨方往来拓本散策・坂本亜紀児
287. 玉島旧柚木家ゆかりの人々・倉敷ぶんか倶楽部
288. カバヤ児童文庫の世界・岡 長平
289. 野﨑邸と野﨑武左衛門・猪木正実
290. 岡山の妖怪事典 妖怪編・木下 浩
291. 松村緑の世界・黒田えみ
292. 吉備線各駅ぶらり散策・倉敷ぶんか倶楽部
293. 「郷原漆器」復興の歩み・高山雅之
294. 作家たちの心のふるさと・加藤章三
295. 自画像の異彩画家 河原修平の世界・倉敷ぶんか倶楽部
296. 岡山の妖怪事典 鬼・天狗・河童編・木下 浩
297. 歴史・伝承・文学・アート 岡山の魅力再発見・柳生尚志
298. 井原石造物歴史散策・大島千鶴
299. 岡山の銀行 合併・淘汰の150年・猪木正実
300. 吹屋ベンガラ・臼井洋輔